おもてなしの経営学 復興編

宮城のおかみが語るサービス経営への思い

東北学院大学経営学部
おもてなし研究チーム［編著］
みやぎ おかみ会［協力］

創成社

はしがき

本学経営学部の講義「おもてなしの経営学」が始まって十年が経ちました。経営学部が単独の学部に昇格するという組織改編に際し、新学部として独自かつ実践的な講義科目を創出したいという思いから、教員有志らによって手探りで始めたのがこの講義でしたが、今やすっかり本学部の看板講義として定着したと自負しております。

本講義を受講した学生の数も、最初の一、二年間こそ百人に満たないものでしたが、受講生の評判の高まりとともに、今では二百数十人が毎年受講しており、その総数はこの十年で二千人を超えていると思われます。

それもひとえに提携関係を維持し、毎年の講義を担当される女将さんたちを派遣してくださる「みやぎおかみ会」の多大なるご支援あってのものであり、歴代の会長様をはじめとする同会の皆様にはあらためてここに深く感謝いたします。

この講義はまた、すでに三冊の書籍を生んでいます。当初の二年間（二〇〇九年から二〇一〇年まで）になされた九人の女将さんたちの講義の内容を収録した『おもてなしの経営学・実践編』、およびこの講義を運営する教員たちによる講義を収録した『おもてなしの経営学・理論編』がそれで、二〇一二年に刊行されました。

そして講義が始まって三年目に当地をおそった東日本大震災に直面し、さらにその後の復興に取り組んでこられた五人の女将さんたちの経験を踏まえて二〇一三年三月には『おもてなしの経営学・震災編』が刊行されました。

これらの書籍が刊行にいたったのは、女将さんたちの講義がいずれもすばらしく、受講学生たちだけでなく、広く地域社会にも還元したいと考えたからでした。事実これら三冊の書籍は高い関心をもって迎えられました。


そして今、その延長上に、あらたに二〇一二年度から二〇一四年度までの三年間の九人の女将さんたちの講義を収録した本書（復興編）を刊行することになりました。本書を編集しながら、女将さんたちの講義の内容に改めて感銘をうけました。

本書が前書とともに旅館ホテルの経営に関心をよせる皆さまにとって意義あるものとなり、さらには震災後、懸命に復興に取り組むこの地域の経営者をはじめとする関係者の皆様へのエールとなれば幸いです。

二〇一九年十月

編著者　東北学院大学経営学部おもてなし研究チーム一同

＊本書の研究の一部はＪＳＰＳ科研費 15k01961 および 18kl11872 の助成を受けています。

目　次

本書に登場するホテル・旅館の分布図

第1章

三十四代　千年続く伝統の宿のおもてなし

佐藤　千賀子

旅館情報

佐　勘

■所在地：仙台市太白区秋保町湯元
■連絡先：022（398）2233
■創業年：平安期
■客室数：173室
■http://www.sakan-net.co.jp

おかみのイメージ

ただ今ご紹介にあずかりました、仙台市太白区秋保《あきう》温泉で「伝承千年の宿　佐勘《さかん》」という旅館を営んでおります女将の佐藤でございます。私は昭和六十年に東北学院大学の経済学科を卒業いたしました皆さんの先輩のＯＧでございます。女将になりまして二十五年になりました。今日は後輩の皆さんの前でその二十五年間のお話をさせていただきます。よろしくお願いいいたします。

私たちは宮城県で「おかみの会」というのを作っています。「天童温泉おかみの会」とか「有馬温泉おかみの会」とか、温泉単位のおかみ会は昔からありましたが、県単位のおかみ会はこの「みやぎおかみの会」が全国初だそうで、今は五十六軒の旅館の女将が参加をいたしまして、お客様へのおもてなしや行政との関わりについて勉強しております。

今日このように旅館の女将が学生の皆さんの前でお話をさせていただくという機会を頂戴いたしましたのも、私たち女将の持っているソフトなおもてなしが時代に求められ、こうしてお話をさせていただく機会につながったのかなと思っております。

旅館の中の女性は、以前は裏方の仕事がほとんどで、私のおばあさんとかひいおばあさんなどはいつも調理場で料理を作ったりお皿を洗ったりしておりました。そういう表に出ない仕事が旅館の中の女の仕事のほとんどでしたが、最近はテレビなどで旅館の女将を主人公にした番組が放送されたりしまして、急に女将というポジションが脚光を浴びるようになってまいりました。

私どもの旅館もテレビや雑誌などの取材を申し込まれました時には、あまり気の進まないタイトルでもできるだけメディアには出るようにしております。どうしてかといいますと、テレビの影響は大きいもので、テレビ番組の放映が終わりますと、その番組を見た方々からすぐに予約の電話をいただくものですから、無料の全国版のCMだと思って出させていただいております。

先日のことですけれども、小学校に上がる前の小さい女の子からお手紙を頂戴いたしました。テレビの番組を見て、私もぜひ女将になりたいのですが、どうやったら女将になれるんですかという、かわいらしい字のお手紙でしたが、女将というポジションがここまで脚光を浴びる時代になったんだと本当に感無量になった次第でございます。

女将の一人としまして、これほどまでに旅館の女将に注目が集まるのは大変不思議な気がいたしますが、このように大勢の学生さんを前にお話するように私が呼ばれましたのも、女将の仕事から得られるソフトな柔らかさや、こんにちのおもてなしの心というのがこの時代に求められるようになったからではないかと思っております。

名女将の条件

「女将」という言葉は日本固有のもので、英語ではこれに対応する言葉がないそうです。そして、代役のきかないセクションでもあります。

「全国旅館おかみの集い」、通称「女将サミット」という組織がありまして、全国からだいたい百人ぐらいの女将さん方が一年に一回大集合いたします。今年（二〇一二年）は東北復興に向けて六月に仙台でサミットが開かれました。昨年の三月十一日に起こりました東日本大震災での体験談や、こういう大きな非日常のことが起こった場合の対策について話し合いをいたしました。

百人の女将さんが一堂に集まりますと大変個性的で華やかな皆さんなものですから、ほかの団体客の皆さんが会場をのぞきに来たりするような現象が毎年起こります。

どの業界にも名物社長とか名物先生と呼ばれる方々がいらっしゃいますが、私たち女将の世界にも名女将と呼ばれる女将さん方がいらっしゃいます。名女将になるためにはどんな条件があるのだろうと考えましたところ、まず一番は頭の回転が速いこと。これはお客様の名前と顔をよく覚えなくてはいけないので大変大事なことです。

次に美人でなくてもいいので人を引きつける魅力が必要だと思います。

そして最後は人に感謝をする気持ちです。私は今四十九歳なんですけれども、四十代の後半になりました頃から、この年齢になってようやくさまざまなことに感謝ができるようになりました。クレームを教えてくださるお客様、そしてお客様を運んでくださるタクシーの運転手さんなど、すべての方々に自然に深々と頭が下がってきます。二十三歳で若女将になりましてから、はや二十五年。たくさんのお客様との出会いの中から、お叱りをいただいたり、時にはお褒めを頂戴しながら、一歩一歩成長してきたと思っております。お客様に育てていただいたといっても過言ではないと思っております。

すばらしいお客様との出会い

女将の仕事の役得、得な部分というのは、仕事を通していろんな方に出会えることです。企業や各界で活躍され、いろんな道を越えてきた方たち、女将という仕事をしなければ出会うことができなかったお客様に出会えるというのは、女将の仕事の大きな魅力の一つです。こうしたお客様とお話をしたり、行動を見せていただくことが何よりの勉強になりました。

少しだけ裏話をさせていただきますと、大手外食産業チェーン店の社長様がお見えになられた時のことです。大広間で社員さんとの宴会の後、毎回部下の方たちを必ず十人ぐらいご自分のお部屋にお連れになって二次会をなさいます。翌日、皆さんがご出発なさった後にお部屋の片づけに私が入りますと、二次会をなさった後ですからふつうは使ったグラスやお皿が散乱しているのが常なんですけれども、使われたグラスやお皿がきれいに片づけられていまして、ごみも持ち帰られていました。社長様がお休みになったであろうお布団はきれいにたたんで押し入れにしまわれていました。

その社長様は部下のお仕事には大変厳しくて、食べ物を扱う仕事だから常に整理整頓、清潔を心がけなければならないと常に言葉にされていて、まさに有言実行、こういう方々が日本の経済を切り開いて支えていらっしゃるんだなと実感いたしました。

旅館というのは脚光を浴びるポジションと、なかなかお客様の目につかない裏方のポジションがございます。下積みを長く積まれた演歌の大御所は私どもに宿泊なさるたびに、お掃除をする方、お布団を敷くおばさん、それからまだ見習い中の新人の仲居さんにまで必ず「頑張っているね、どうもありがとう」と優しい言葉を一言二言かけてくださいます。

　こういうお客様を間近で見させていただくと、人間としての過ごし方とか心の持ち方、そしてあり方を日々教えていただいていると本当に感謝しております。

佐勘の起源と由緒

　こちらは私ども「伝承千年の宿　佐勘」の全景でございます。ここで「伝承千年の宿　佐勘」について少しご説明させていただきます。

　私どもの旅館は「佐勘」という変わった名前です。お客様に「どうして佐勘さんというんだ」とよくご質問を頂戴いたしますが、私どもの当主は佐藤勘三郎《かんざぶろう》という名前を代々襲名いたしまして、佐藤の「佐」と勘三郎の「勘」の一文字ずつをとりまして「佐勘」という名前になっております。私の主人でちょうど三十四代目の佐藤勘三郎でございまして、東北地方で一番古く全国でも六番目に古い企業でございます。

　私どもの祖先は平家の落人で、源平合戦で源氏との戦いに負けて、敵の捜索網から逃げてきた武将「佐藤勘三郎」が約一千年前に一族郎党を引き連れて、秋保の地に住みついたのが始まりだといわれております。源氏の追手から逃れてきた落人ですから人目につかないように息をひそめて隠れて秋保の山里に住んでおりました。

佐勘全景

ですから今でも私どもの家訓には、男の子が生まれても男の子の印であるこいのぼりは絶対上げてはいけないとか、また人が住んでいることがわかるニワトリは絶対飼ってはいけないとか、また壇ノ浦の戦いで敗れた平氏は海に身を投げて自害した後に、それが蟹になったという逸話がございまして、平家蟹にまつわる話から、蟹の料理は一切してはいけないという、そういった家訓が十ぐらいございまして、今でもそれを守っております。

お客様からよく「伝承千年の宿というけれども、その千年って本当なのか」と聞かれますけれども、このようなわけで千年は本当でございます。

湯守御殿《ゆもりごてん》と家宝の聖火

またこの建物ですが、これは四百年前に当家が（仙台藩主の）伊達家のお湯守《ゆもり》をしておりました時に、伊達様から建てていただいた建物がこの母屋、湯守御殿でございます。伊達政宗公以来、伊達藩の

湯守御殿

藩主が湯治のたびに宿泊なさいました。

伊達政宗公のお母様である義姫様が山形の最上家から伊達家にお輿入れをされた際に、佐勘で一泊されてから伊達家に嫁がれたのを機会に当家は伊達家のお湯守、つまり専属の湯治場を代々務めて参りました。

昔は伊達藩の政策で飢饉になった時に栗を食べれるようにということで、秋保は栗の木がたくさん植えられておりますが、こちらはすべて栗の木でできている建物でございます。

去年の東日本大震災の時、この湯守御殿に隣接しております近代的な平成の鉄筋建物の方は、ガラスが割れたり屋根瓦が落ちたりと大変大きい被害がでました。しかし、この四百年前の江戸初期の木造の建物だけは神棚のお札一つ落ちることなく無傷で、本当に江戸時代の匠の技の素晴らしさをまざまざと見せつけられた気がいたします。

この湯守御殿の中には、私どもの一番の財産であ

家宝の聖火

ります四百年間消えることなく燃え続けている炉端《ろばた》の火（家宝の聖火）がございます。これは四百年前に秋保で山火事が起こりまして、伊達政宗公に建てていただいた湯守御殿を火事で燃やしてしまいました私どもの祖先が、伊達家へのお詫びの印といたしまして、当時、真言宗の総本山であります高野山に行きまして、高野山の奥の院というところから火をいただいて、それを火縄にかけて四十八日間、苦心をして秋保まで運んできた火でございます。それ以来、四百年間ずっと絶やすことなく、こちらで燃え続けております。

私が二十五年前に若女将になりました時に一番最初にここに連れてこられまして、女将の一番の仕事はこの火を絶やさないことだと教わった記憶が残っております。

このように古いものを守ってきた建物の中には、伊達家ゆかりの品がいくつかございまして、このように伊達家から伝わっている兜とか、それから下の方は古文書ですけれども、伊達政宗公直筆の書状です。伊達家の家来が円をなすように、ひとりひとり忠誠を誓ったサインが記されています。当時のそういったものがいくつか残ってございます。

皆さん、最近旅館にいらっしゃいますと、旅館でゆっくりしたいとか、温泉に入りたいとか、美味しいものを食べたいということももちろんですが、ちょっと違ったことを学びたいという知的欲求をお持ちのお客様が最近多くいらっしゃいます。私どもは夜の八時から館内歴史ツアーというのをさせていただいておりまして、大体五十分ぐらいかけまして、この館内の古い物、それから佐勘の歴史についてお客様にご案内をしております。これは大変好評を頂戴いたしております。

佐藤家の襲名と系図

私どもでは当主の佐藤勘三郎が亡くなりますと、裁判所に改名願いを出しまして、次の代の者が佐藤勘三郎の名前を襲名いたします。現在、三十四代続いております。また、佐藤家の家系図も代々残っておりまして、その中には長男の勘三郎だけでなくて兄弟の行く末や、姉妹がいましたらそれらの嫁ぎ先まで全部書かれています。それによれば長男の勘三郎が佐勘に残りました後は、ほとんどが自分で商売を始めましたり、女性の方は商家へお嫁に行っております。しかしその系図をずっとたどっていきますと、今も現存している商家のお店はひとつもございません。商売を継続する難しさというのがいかに大変かが、その系図からわかります。

　こうやって運よく一千年続いた佐勘の歴史を、私は平成の今、こうやって見ることができます。例えば佐藤家の墓が代々残っています。現代では一つのお墓に一族皆さんが納められますが、昔はお一人お一人の墓でございました。そのひとつひとつの墓を見ますと、時代の波に乗って成功した世代の佐藤勘三郎の墓石は本当に大きくて立派なのですが、それに比べて苦しい時代を生きた佐藤勘三郎の墓石は小さい、本当に質素なお墓であり、そういうことからも千年の長い歴史の中には良い時も悪い時もあったのだと推測いたします。皆それぞれの佐藤勘三郎が、それぞれ己《おのれ》に与えられた役割をまっとうしてきた結果が、今こうやって三十四代として、平成の時代に佐勘が続いている要因だと思っております。

佐勘の施設とおもてなし

　皆さん、旅館の商品とはどんなものだと思われますか。旅館業とは目に見えない形のない商品をお客様に売っております。お客様にお泊まりをいただいて、翌朝、お金をお支払いいただくんですけれども、その時にお客様の手元には形あるものの商品は残りません。唯一の商品は楽しかった、ゆっくり過ごせたという満足感だけが残ります。

　私どもの佐勘では、お泊まりいただきましたお客様には、一泊の間にロビーから始まりまして大浴場、露天風呂、湯上りに冷たい飲み物を召し上がっていただく湯上り亭、それからお土産処にエステティックサロンなど、だいたい百ヶ所近い施設とサービスをご経験していただくようになります。

佐勘の館内の写真をごらんになってください。これは紅茶の専門店で「おかみの紅茶」というものを作りました。私の紅茶好きが高じまして、紅茶とお抹茶を合わせた紅茶とか、ショコラと紅茶を合わせた紅茶とか、ちょっと日本旅館らしくない紅茶の専門店です。もちろんご宿泊にならずに喫茶だけのお客様も大歓迎ですので、もし秋保にお寄りの際にはどうぞお立ち寄りくださいませ。

こちらは夜の九時から十一時半まで一日二時間半だけオープンしております夜のコーヒーショップで「神は細部に宿る」という名前のお店でございます。アルコールの入ったお客様はお断りとさせていただいております。

私は毎晩、着物を着てお客様のお部屋にご挨拶へ行くのですが、ある日、東京からお見えになった老夫婦のお部屋にご挨拶に行きますと旦那様に呼び止められまして「新幹線まではもう少しだけあと三十分ここにいてくれないか」ということでございまして、それのお言葉にヒントを得まして、お酒を召し上がらないお客様がお休み前の数時間をお過ごしいただくように、ちょうど昭和二十年代から昭和五十年代ぐらいにかけての古いレコードを二百枚ほど集めまして、音楽を聞きながら夜のひと時を楽しんでいただいております。

こちらはショッピングプラザでございます。仙台の名産を取り揃えております。一番の売れ筋は笹かまぼこ、それから牛タン、そして地元のお酒と、あと萩の月あたりが売れ筋と

名取の御湯

なっております。

こちらは一般客室になります。皆さん、旅館とホテルの違いは何だと思いますか。そうご質問いたしますと皆さんなかなかお答えできないんですけれども、一番の違いはホテルにはない畳が旅館にあるということです。旅館は日本文化を継承する役割を担っておりまして、私たちも日本文化を大切に守っていきたいと思っておりますが、やはりお客様の生活様式がだんだんと西洋化されてきております。今ではダイニングテーブルやベッドといった生活様式に変わりつつある時代で、私たち日本旅館も時代の波に乗りながらたえず変化を求められております。時代の波にいかに上手に日本文化を合わせるかというのがこれから私ども旅館に与えられた使命だと思っております。

こちらは男性の大浴場、下がサウナになります。こちらは女性の大浴場です。その下はそれに併設している露天風呂になります。朝になりますと男性と女性のお風呂を交換いたしまして、女性のお客様も男性のお客様もどちらのお風呂も楽しんでいただけるようになっております。

大浴場のほかにはちょっと趣の違うお風呂をご準備しております。こちらは「名取《なとり》の御《み》湯《ゆ》」といいまして、地下三階にあります。江戸時代、伊達政宗公がお泊まりになられました当時のお風呂を再現いたしました。その名取の御湯から階段をずっと降りていきますと、だいたい地下五階ぐらいに当たりますでしょうか。川原に沿った木造りのお風呂で「かわらの湯」という百パーセントかけ流しの天然温泉の露天風呂がございます。こちらは名取川のほとりにありますので、台風が来ますと名取川が増水しまして露天風呂の屋根まですっぽり川の水にかぶってしまいます。そのためにこの柱とお風呂の屋根は取り外しがききまして、年に一回か二回、直撃する台風が来ますとみんなで屋根や柱を外します。

こちらは「湯上り亭」と申しまして、お風呂上りに秋保の山々を望みながら冷たいお飲み物を無料でお出しししているところです。

こちらは先ほどお話いたしましたお湯守御殿で、ここで無料でサービスしているお抹茶のセットです。四百年前の火で沸かしたお湯でお抹茶をたてております。

こちらは夕食会場になります。だいたい二、三名様ですとお部屋でお夕食を召し上がっていただいておりますが、四名様からだいたい十五名様ぐらいのグループのお客様はこのような個室会場で、いす式か掘りごたつ式の両方の様式で夕食をお召し上がりいただいております。

こちらは団体のお客様用の宴会場です。四百名様までの宴会ができます。

朝食はビュッフェでございまして、お好きな食べ物をお好きな分だけ召し上がっていただきます。お料理はできるだけ地元宮城の食材で安全なものを選んでお出ししておりまして、このビュッフェもたいへん高い評価を得ております。

一年ほど前までは、夕食がお部屋なら朝食もお部屋で、夕食が個室なら朝食も個室でと、夕食と同じ環境で朝食を召し上がっていただいておりましたが、一年前から朝食はすべてのお客様にこのようなビュッフェの形にいたしました。最初はどうかなと心配でしたが、意外と「好きなものが好きなだけ食べられていいね」ということで好評でございます。

こちらが旅館の最上階にあります特別室でございます。お値段のことを言うのは何ですけれども、こちらはお一人様一泊七万円を頂戴しております。ちょうど平成元年からだいたい平成七、八年にかけてのバブルの時期には、お一人様で十四万円を頂戴しておりました。バブルの頃はこのお部屋から予約でいっぱいになったという、今では信じられない時代がありました。今はなかなか高額なお部屋が売れない時代でございますので、女子会プランなんかをつくりましてお手頃な料金でご提供しております。

こちらはワインバー「くら倉」です。私どもの中庭に江戸時代末期の石蔵が二つ残っておりまして、それをバーにいたしました。

こちらは大画面でカラオケを楽しんでいただけます。クラブ「七夕」という施設です。

こちらはお夕食を召し上がられても夜十二時ぐらいになりますと小腹が空いたというお客

様がいらっしゃるので、夜、おそばやラーメンなどをお出ししている和食処「萩亭」という施設です。

こちらはバックヤードになります。佐勘の心臓部になります調理場です。佐勘でお出しするお料理はすべてここでつくられております。

そしてなくてはならないボイラー室です。一番の佐勘の命綱だと思っております。

このようにいくつか施設をご紹介させていただきましたけれども、お客様のご滞在中には百近い施設とサービスをご体験していただけます。しかし百ヶ所の中で九十九ヶ所がよくても一ヶ所悪いところがありますとそれがクレームにつながってしまい、ご満足いただけなくなってしまいます。

百点引く一点は、普通は九十九点という評価になるんですが、私どもの旅館のようなサービス業の場合は百点引く一点は零点になってしまい、翌朝、ご自宅へお戻りになられましたお客様のお手元には満足感という商品ではなくて、不満足だった、二度と佐勘には行かないという商品、つまり佐勘のお売りした商品は不良品だったという結果につながってしまいます。

佐勘のスタッフ

そのように百引く一がゼロになってしまわないようにするために、私どもは一人の突出した優秀なスタッフを育てるというよりは、スタッフ全員が同じようにレベルアップをすることが大切であり必要だと考えております。そのために社員教育には力を入れております。

私ごとですけれども、佐勘の労働力、日本旅館の労働力は非常に優秀でございます。最近では四年制大学や短大を卒業された新卒の優秀な人が多く日本旅館にも入社してくれるようになりまして、面接試験でも明るくて気配りがあって、気骨があって長続きしそうな意欲のある方を採用するようにしております。

長年、面接試験の試験官をしておりますけれども、一番大事なことは自分をアピールすることももちろん大切ですが、この人材とぜひ一緒に働いてみたいと思わせる、そういう余韻を残せるかどうかだと思っています。

今、私どものお部屋係、つまり仲居さんですけれども、以前は老舗旅館ということで、それにふさわしくだいたい四十代を中心とした落ち着きがあって技術や話術を持ったベテランの仲居さんがほとんどでございました。ところがここ五年ほど前からは高卒や専門学校、短大を卒業された客室係、仲居さんを中心に採用しております。

高卒の新人におきましてはすべてが学校推薦をもらった専願の受験者で、だいたい十人ぐらいの仲居さんの採用枠にそれ以上のたくさんの応募が来ております。毎年必ずこれはいい子だなと思わせる学生さんがいらっしゃるんですが、そういうふうに私が思う皆さんに共通しているところは面接でも自然体でいられるということです。十八歳ぐらいのお子さんですから面接をしている時は極度の緊張だと思うんですよね。その中でも自然体の自分が出せるということは本当にすごいことだなと思います。

「自然体」と一言で言いましたけれども、どのような場面でもありのままの自分を出すことができるということは、やはり自分の内面に自信がないとできないことだと思います。

皆さん、長い人生の中で一番自由に時間が使える大学生活の四年間を、ぜひ内面を磨くように使っていただきたいと思います。私も大学を出まして随分になりますけれども、今思えばアルバイトは社会人になってからでもいつでも社会経験はできたなと思います。今できることは本当にお勉強とそれから読書、そういった知的なところを積み重ねることが今の皆さんにとって一番有意義な時間の過ごし方ではないかなと、ちょっと老婆心ながら思います。

こちらがスタッフです。旅館というと皆さんはだいたい客室係とかフロントを思い浮かべますが、旅館にはもっとたくさんの様々なスタッフが働いています。営業部は新しい商品を企画しましたり、ホームページを立ち上げましたり、お客様と交渉をするポジションでございます。

その隣がお料理をつくる調理場、そしてその下がフロントですね。そして売店、ショッピングプラザ、それからコーヒーショップなどを担当しております販売部、そしてこちらが一番お客様と接点の多い客室係です。このほかに私どもの旅館には、財務課、仕入れを行う商品管理課、ボイラーを扱う管理課、お掃除を行うサービススタッフ課など、多くの部署が存在しております。

私どもでは新人教育にはちょっと長めに三ヶ月ぐらいかけるようにしております。この三ヶ月を経て、部門ごとに新入社員を配置しまして、一年後に再教育をいたします。一年をかけて改めて新入社員を観察いたしますと、面接の時にこの人は少し難しいかもしれないなと思っていた人がお客様から一番の高評価をいただいたりしますので、面接と現場では必ずしも評価が一致するわけではないのです。入社時にそれほどでもなかった人が一年後にはすばらしく成長を遂げていることもあれば、その逆もあるのです。

どうしてこのようなことが起こるのでしょうか。これは旅館業はお客様との出会いの中でクレームをいただいて涙を流したり、それからお褒めの言葉をいただいて笑ったりと、お客様に接する中でサービスマンとして磨かれていくからだと思います。つまり日々の仕事の中でお客様に育てていただく面が非常に大きい職場だということです。

旅館はスタッフのお給料となるお金を支払ってくださるお客様が常に目の前にいらっしゃるところですから、私はスタッフにいつもラウンジで一杯のコーヒーを召し上がるだけのお客様でも皆さんにお給料をくださっているのだと教えています。銀行振り込みが一般的な時代になった現在は、いただくお給料のありがたさを忘れがちになりますが、私は「お客様からお預かりしたお金をスタッフの皆さんに渡すんだよ」と、必ずお給料の時にはお話をさせていただいております。

クレームとの向き合い方

こうしたことを踏まえましても、やはりクレームというのは必ず出てしまうんですね、残念なことに。これはスタッフの気持ちが平静で余裕がある穏やかな時には決して起きないのですが、何かアクシデントがあったり、スタッフの気持ちに余裕がなかった時にクレームというのは必ず出てきます。

クレームが出た場合には、クレームを起こした担当者にはもう触らせずに、その上司に処理をさせるようにしています。誰でも一番嫌な仕事は苦情処理と言いますが、お客様をお待たせすることなく速やかに対応するということはクレーム処理の中で一番大切な鍵でございます。お待たせした分だけお客様の不満は大きくなってしまいまして、クレームがますます大きくなっていくからです。

私は長年の仕事を通しまして、クレームをおっしゃるお客様はVIPだと思ってきました。不満を口に出さずに二度と佐勘に来られないお客様も中にはいらっしゃいますが、私どもの欠点をはっきりと指摘し教えていただいて、私どもの対処次第では佐勘の大ファンになってくださる、長年の顧客になってくださるありがたいお客様だとそう思っております。

私たちの商売といいますのは、きちんとしたポリシーを持って、そしてお客様を愛する気持ちをもって、お客様より一歩下がって頭を下げなさいと、常々スタッフには話をしておりますが、これは人間として非常に高度な精神ではないかなと思います。一言で言いますと「下がりの精神」といいまして、頭を下げる、一歩下がるというようなところが下がりの精神と言うんだそうですが、常にお客様より己を下げてお客様を立てるという意味でもあります。

ただ残念なことに、時には言葉の暴力でスタッフの尊厳を傷つけるようなお客様もいらっしゃるんですね。そのような時には二度と佐勘にはそのお客様に来てもらわなくても構わないから、きちんとした態度をとるように、きちんとした身の処し方もしてよいとスタッフに話しております。

セクハラ・パワハラについて

セクシャルハラスメント、パワーハラスメントについては、新人教育の際に徹底してお話をしております。皆さん、セクハラ、パワハラという言葉をご存じですよね。ちょっと横道に逸れますけれどもセクハラとパワハラについて少しお話させていただきますね。

これから皆さん、社会に出た時に本当に大切なことになりますのでよく聞いていただきたいと思います。セクシャルハラスメントというのは通称セクハラですけれども、これは望まない性的な言動、性的な嫌がらせであり、人によってセクハラだと感じることはまちまちです。A子さんがセクハラと感じても、B子さんはセクハラと感じないということがよくございます。

ですから、どこまでがセクハラか否かという線引きの基準は出しにくいんですけれども、セクハラは原則的に相手の判断、つまり受けた側の判断で決まるといいます。具体的な事例を挙げますと、スリーサイズを聞くとか、身体的な特徴をあだ名にしたり、また聞くに堪えない卑猥な冗談を聞こえよがしに話されたり、それから「男のくせに、女のくせに」と発言することも聞いている側が不快に思えばセクハラ行為とみなされます。

また雑誌やスポーツ新聞の不快な写真や記事を見せられたり、しつこく同僚や上司から電話や不必要な手紙、メールを送られることもセクハラ行為の一つなんです。よく覚えておいてください。

職場におけるセクハラは、その対象となった女性社員の名誉や個人を不当に傷つけるものです。一旦起きてしまいますと、加害者だけではなくて被害者までもが職場にいずらくなり、退職にいたるケースも少なくありません。もしそのような被害に遭った場合は躊躇をせずに、少しでも早く信頼のおける相手に相談すること、周りを巻き込むことがセクハラの対策の一番大事なことです。

最近ではセクハラ以外にパワーハラスメント、通称パワハラという言葉も出てきました。これは立場が上の職にある者、つまり上司が部下に対して暴言や嫌がらせ行為を行うことを指しています。パワハラはセクハラ以上にどこまでがパワハラ行為かというのを特定しにくいのが現状です。上司が暴力で部下に苦痛を与え、部下はうつ病などの病的症状が出て出社拒否になってしまい損害賠償に至るケースもございます。

ただし上司が部下を指導するうえにおいて、言葉や態度が厳しいことは当たり前のことですよね。ですからそれがパワハラに当たるか当たらないかは、その部下の方の日ごろの勤務内容によるものも大きいんですけれども、パワハラに遭ったと伝えてもなかなか逆に受け入れてもらえないことも多いそうですので、どうぞセクハラ、パワハラという言葉をちょっと心の片隅に置いておいていただきたいと思います。

佐勘の気働き

「気働き」という言葉があります。私が経験の少ない新人スタッフを評価する上で一番重点を置いていることが「気働き」ができるかどうかです。気働きというのは、その状況に応じて相手に気遣いができるかどうかという言葉ですが、気働きのできる人、気働きをしながら仕事をしている人と、ただただ働く人とでは仕事に大きな差が出てきます。

お客様のみならず同僚に対しても気遣いができるスタッフを育てるということは、旅館にとっても大変大切なことです。残念ながらこの頃の若い方たちは気働きの不得意な人が多くなったと言われていますが、これは大家族で一軒の家に住んでいた昔と違いまして、核家族化が進んで個室もあり、生活の中で常に気働きをする必要がなくなった社会の仕組みにもつながっていることだと思っています。

採用試験の面接で自然体の自分を出せることと同様に、この気働きも常に生活の中で意識をしていることで培われるものですので、ぜひ皆さん、一日一日、日々の生活の中から気働きを磨いていっていただきたいと思います。

余談ですが佐勘の気働きについてちょっとお話させていただきます。こちらの写真は、上は男性と女性の浴衣《ゆかた》で、下は男性と女性の雪駄《せった》、草履《ぞうり》になります。私が旅館に入りました時、時代はまだ男性と女性の浴衣の区別がありませんで、女性も男性も同じ浴衣の柄を着ておりました。当時、入社したての若い社員が「どうせ旅館に来るんだったら、本当にかわいい浴衣が着たい」という一言を会議で発しまして、それが発端になって、それなら佐勘では男の浴衣と女の浴衣を分けてみようじゃないかということになりました。

それがお客様には大変好評をいただきましたので、それまではスリッパだったんですけれども、せっかくだからスリッパではなくて浴衣に合う雪駄にして、それも男女別にしようということで、雪駄も男女別になりました。いちがいに男女別にするというのは簡単に聞こえますけれども、いらっしゃるお客様の男性と女性の人数を事前に把握することは旅館にとりましてたいへん難しいんですね。特に直接ご予約いただいたお客様のことは把握できるんですが、旅行代理店などいろいろな媒体を通して私どもにお見えいただく場合には、男女別までの詳しい情報はなかなか入って来ないので当時はたいへん苦心いたしました。

こちらはアメニティグッズですけれども、上にビニール袋がありますね。このビニール袋の中にタオルと歯ブラシが入っております。ビニール袋はだいたい六色ぐらいの色に分かれております。

旅館は一つのお部屋に五名様ぐらいお入りいただく時もあります。ご家族の場合でしたらあまり問題はないのでしょうが、団体様ですと、あまり面識のない方々同士でお泊りになる場合もあります。上にコップがありますがコップも佐勘という字が色分けしてあります。ビニール袋の色とコップの佐勘という色と、それから下にありますタオルの刺繍の色、それから中に入っている歯ブラシの色が全部同色になっております。ですからお部屋に入ったお客様が「僕は赤だ」というのでしたら赤のタオル、赤のコップ、赤の歯ブラシをお使いいただくわけで、一度使ったタオルをほかのお客様のと間違えないで使えるという、そういうところから始めた気働きのアメニティでございます。

よそのサービスに学ぶ

私は同じ旅館業の方々と若い頃から毎月積立金をしておりまして、少し溜まりますと世界のすばらしいホテルだと言われるところをいくつか旅をしていました。今から三十年ぐらい前にアメリカの西海岸の方に行き、リッツカールトンとウェスティンホテルに泊まりました。今はリッツカールトンは東京と大阪にございますし、ウェスティンも今は仙台に大変すばらしいホテルができておりまして、皆さん馴染み深い名前になりましたが、当時は私たち日本人にとってリッツカールトンやウェスティンというのは、ほとんど馴染みのないほんとうに未知のホテルでした。

どちらのホテルでも十八歳ぐらいのボーイさんにちょっとした用事をお願いいたしました。用事をしていただきましたので、私が「サンキュー」とお礼を言いましたところ、ウェスティンホテルのボーイさんは「サンキュー」という言葉に「ユア ウエルカム」、どういたしましてという返事が返ってきました。リッツカールトンでは「サンキュー」ありがとうという言葉に、ボーイさんは「イッツ マイ プレジャー」と言われました。つまりあなたの用事をさせていただいたことは私の喜びですというんですね。本当に素晴らしい言葉だと、それだけで感動した記憶があります。今では日本のホテルでも使われている言葉ですが、三十年前の事でございます。アメリカでは一番最初に赤ちゃんに教える言葉は「サンキュー」という言葉だそうです。これがきっと「イッツ　マイ　プレジャー」という言葉につながっているのではないかなと思います。

東北学院のＯＢに橋本さんとおっしゃられる有名な方がいらっしゃいまして、今はお亡くなりになられましたが、ホテルオークラの専務にまでおなりになった方です。その方から教わったことがあります。それは日本のサービスマン、日本のホテルマンに仕事を教えるのは難しいことなんだとおっしゃっていました。なぜ日本のホテルマンにサービス精神を教えにくいのかということなんですが、その原因の一つは日本人に宗教がないからだそうです。

欧米では生まれた時に教会で洗礼を受け、困った時には教会へ相談に行き、家庭でも「自分を愛するように隣人を愛しなさい」と教えられます。ただ日本人にはこういった基準がございませんので、サービス、すなわち奉仕の精神ですけれども、その精神を教育するのが大変難しいというお話でございました。

私はおもてなしというのは、人に優しい心を持つことだと社員には教えています。欧米ではこれがキリスト教の教えとして常識化しているんでしょうけれども、私も学院大学でもう少しキリスト教の精神を学べばよかったなと本当に今後悔をしております。

ホテルのエレベーターで外国人の方々と乗り合わせますと、外国の方の優しさに気づかされる時がありませんか？　目と目が合うとにっこりとほほ笑んでくださったり、また必ずレディーファーストで女性を先乗り、先降りをさせていただいたり、ぜひ男性の皆さん、真似をしていただきたいと思います。きっと先生方のようなご年齢になりますと、もう真似をしようと思っても真似ができなくなりますので、ぜひお若いうちから、外国人のスマートな部分を真似していただきたいと思います。

秋保温泉「森のダイニング」の取り組み

今までは佐勘のお話をさせていただきましたが、ここから秋保温泉の取り組みについてお話をさせていただきたいと思います。

秋保では今「森のダイニング」という企画をつくっております。「森のダイニング」というのは秋保温泉の旅館組合に加盟している旅館の料理長から構成されている秋保温泉料理の研究会でございます。秋保の食に関わるいろいろな活動をするとともに、新たな魅力ある料理や食材の開発に携わる食のエキスパートでもあります。

どうして「森のダイニング」という名前を付けたのかといいますと、秋保温泉がありますこの秋保町は総面積の八十九パーセントが森なんだそうですね。秋保というと山里的なイメージもありますが、実際は深い森が町を形成しているところから、まさに森の中にある温泉街ということで「森のダイニング」という名前をつけました。

ダイニングといいますのは三つの意味があるそうで、食事を指す意味もあるそうですし、食事をする部屋、ダイニングルーム、食堂という意味もあるそうです。そしてダイニングというと洋風の飲食店、洋食屋さんを皆さん思い浮かべられると思います。つまりダイニングには洋のイメージが強いようですが、三省堂の大辞林という辞書では単に食堂という字で出ています。

現在、旅館で出している料理の多くは、純粋な和食というよりは洋食や中華のイメージを少し加えながら、よい意味での創作和食が多いかと思います。そういうことであればダイニングの意味にこだわるよりも、新しい先取り的なイメージを秋保の調理と重ね合わせた「ダイニング」という語感がふさわしいということで「森のダイニング」という名前を付けました。

「森のダイニング」の内容ですが、これは秋保温泉旅館組合の組織構成委員会が認定をしております。構成員はもちろん原則として組合に加盟している旅館の料理長さんから構成されております。その目的は秋保温泉に魅力ある料理を開発するため、そして秋保に新しい食材を開発するため、個々の料理技術を向上させるためとございます。

これが活動の発足会の写真なんですが、すべて秋保の親方、調理長で構成されています。

秋保の資源と魅力

今、私たちは「秋保環境米」というお米を作っています。秋保環境米というのは環境保全米、つまり農薬を使う回数を減らして基準を満たしているお米で、秋保のお水、秋保の土地で秋保の人々が作ったお米を指して秋保米というふうにしました。ちょうど二年前に始めまして、今は各旅館で秋保米のご飯をお出しして、お酒も仕込んでおります。

こちらは秋保米の田植えをした時の昼食合同調理会なんですけれども、昔は田植えの後にお祝いの宴を開きまして「早苗《さな》ぶり」といったんだそうですが、それを再現したメニューを農家の皆さんと秋保の調理人がみんなで作りまして、秋保の町民の皆様にお振る舞いをいたしました。これがその時の写真でございます。皆さん「伊達武将隊」ってご存じですか？その方たちがいらした時には、秋保の森のカレーというのを作りまして試食していただいてそれも大変好評をいただきました。

これは秋保米を使った米粉で焼いた米粉ピザです。一番右のちょっとぽっちゃりとした人が佐勘の料理長で、市政だよりの「まちの話題」のコーナーで取り上げていただきました。これはピザをつくる石窯を手づくりをしている様子です。調理人の皆さん大変器用で、あっという間に拵えました。これができましたピザです。ほおづきのピザだったんですけれども結構いけるお味でした。

これは平成二十二年度ですから初年度の秋保米の試食会の様子です。秋保の食材を使って、秋保のお米と秋保の川でとれたお魚、それから秋保でとれたキノコ、そして卵を使って、お味噌も地元で作ったお味噌ですべて秋保で手づくりをした食材からつくっております。

それでせっかく作ったので、何かやろうじゃないかということで「森の温泉ランチ」というのを平成二十二年から始めて毎年やっております。各施設、各旅館が一律に二千五百円という設定された価格の中でメニューを考え、利益率をいくら掛けるかは各旅館が各自で決めて、お客様にはお食事を召し上がっていただいて、温泉に入っていただこうという企画です。

各料理長が先ほどご紹介しましたお味噌とかお米とか秋保の食材を使って、それぞれの技を競い、お客様は一つ行かれますと「じゃ佐勘さん行ったら次は水戸屋さんに行こうかしら、岩沼屋さんに行こうかしら」ということになりまして、お客様同士で「○○旅館はちょっといまいちだったけれども○○ホテルはよかったわ」とか、そういうお話になるわけですね。ゆくゆくはそれを点数化したりして各旅館同士で切磋琢磨して向上していきたいと考えております。

これは各旅館の料理長が秋保米を使った料理を持ち寄ってきた試食会の写真です。大変みんな知恵を出し合って、いかに自分たちのつくった秋保米をおいしくしようかという作品です。ぜひ皆さん、まだまだ秋保の挑戦は続きますので、ぜひお見えになってください。お願いいたします。

こうして宮城県の農業園芸総合研究所とタイアップをいたしまして、農業に従事されている皆様、農業の研究をされている方々、それから旅館で調理をしている人たちといろんな視点での意見を出し合いながら、秋保の風土に合った新たな食材、ほかの土地では食べられない、秋保温泉でしか食べられないものをみんなで開拓しております。農業と温泉とが両立してこその秋保の発展というふうに考えております。

それから秋保は工芸家が大変多いんですね。それで秋保工芸の里というところを平成元年に仙台市から作っていただきまして、工人たちが十五、六人、暮らしていらっしゃいます。

また、秋保の奥にも工人の村がいくつかあります。だいたい今、二十九人ぐらいの工芸家がいらっしゃると言われていますが、お一人お一人の横のつながりが今まではなかったんです。それで秋保の旅館組合の方ではぜひ工人の皆さんにつながっていただきたいということで、そのつながりの会をつくりました。それは「手しごと秋保」という名前で今、活動をさせていただいております。

秋保の交通アクセス

秋保温泉はJRの駅がない温泉なんですね。仙台と山形とを結ぶ仙山線の線路を、昔、昭和の初めに敷きました時に、鉄道が秋保を通ると景観が崩れるからということで大反対をしたそうで、代わりに作並温泉を通って山形へという今の仙山線ができ上がりました。

当時はマイカーのない時代でしたから、皆さんが旅行される時には国鉄を使われました。そうやって電車で旅をなさった時代は、残念ながら観光で秋保へ来られるお客様は本当にお少しで、国鉄の駅がある作並温泉の方が大変賑わっておりました。ちょうど昭和四十年代の後半になりまして、皆さんがマイカーをお持ちになり、または観光バスで旅行をなさる時代に入ってまいりましてから、急に秋保が脚光を浴びるようになってきました。それまでは「あきう」温泉とは呼んでもらえませんで、だいたいのお客様が「あきほ」温泉とおっしゃったんですが、最近は「あきう」も全国区になってきまして、九州とか北海道からお見えのお客様も「あきう」温泉と言っていただける時代になっています。

昭和五十年代の初めには東北縦貫高速道路が秋保の近くを通り、仙台南インターチェンジができまして、そこからです。それまでは宮城や山形といったお近くの皆様しかおいでいただけなかった秋保温泉が、東北縦貫道に乗って、関東、栃木、茨城、東京、遠くは大阪の方からもおいでいただけるようになりました。道路一本でこんなに違うものかなと本当に思いました。

そうしていますうちに東北にもやっと「ひかりは北へ」というキャッチフレーズとともに東北新幹線がやって来まして、ようやく秋保も全国のお客様を受け入れられる温泉になってまいりました。

私ども秋保温泉は昭和四十年頃は六軒の宿しかない温泉だったんです。それが今は、この平成の時代に入りまして十七軒あるそうですから、いかに道路や鉄道といった交通手段の進歩によって秋保が繁栄してきたかがおわかりいただけるかと思います。

昔からある六軒の宿も木造の建物を壊しまして、湯治場のような本当に静かなひなびた温泉地から、今のような近代的な建物になり、賑やかな温泉街になってまいりました。こうして時代とともに秋保温泉の個々の旅館が互いに競争して切磋琢磨し、自分たちのホテルの魅力を磨いてまいりましたけれども、お互いに旅館として競争しながら自分の利益を守るという時代は終わりを迎えました。今はお互いに手を取り合って、秋保の町全体がよくならなければ自分たちの旅館も輝けないんだということに気づき始めてきています。

また旅館だけでなく秋保の農業や工芸家の皆さんとともに発展をして、そして秋保の町全体がよくなる、これが今、秋保温泉旅館組合が目指しているものであり、それこそがこの激動の時代を生き延びる唯一の方法だと確信し努力をしております。

これから十年後、二十年後に、ここにいらっしゃる学生の皆さんがちょうど私ぐらいの年代になる頃の秋保温泉の進化をぜひ楽しみにしていただきながら、私のお話を終わりにさせていただきたいと思います。ご清聴ありがとうございました。(拍手)

こんなに大きい拍手は結婚式以来で頂戴しました。ありがとうございます。

質疑応答

司　会　どうもありがとうございました。ここで受講生の皆さんから質問を受け付けたいと思います。いかがでしょうか。

学生A　貴重なお話をありがとうございました。お話の中にクレームのお話がありましたが、クレームのお客様に対する時、女将さんはどういった心持ちで向き合われるのですか。また部下の人たちにもクレーム対応にこういった心持ちでやるんだとか指示されますか？　具体例などあればお伺いしたいと思います。

佐藤女将　アルバイトか何かなさっていますか？

学生A　そうですね。ちょっとクレーム対応する立場にいまして悩みというか、そういう時にどうしたらいいかなというのが結構あるので。お願いします。

佐藤女将　私も女将になって二十五年経ちますけれども、何が嫌といってやはりクレームに対応することは、いくつになっても一番気の重い仕事ですよね。ただお客様のお話を伺いますと、やはりお客様の言っていることが正しい場合もありますし、そうではない場合もあってクレームは大きく分ければ二つに分けられると思うんです。ですから後者の場合は、すでに申し上げたように、きちんと自分たちのポリシーを持って対応するというところが一番大切なことだと思います。

一度でも自分たちのポリシーを曲げて対応いたしますと、そのお客様はまたいらっしゃって、必ず二度目、三度目とまた同じことが繰り返しになりますので、やはりその場限りのクレーム処理をしないことです。私もその場限りで何とかおさめようとちらっと頭をかすめることもあるのですが、そこは自分の信念を持って対処するということが一番だと思います。

クレームが発生した場合は先ほど申し上げましたけれど、一番最初にまずお待たせをしないこと、すぐに誰かが行くということなんですが、どうしてもクレームを起こした本人に処理をさせますとクレームがますます大きくなっていくんですね。そして私の手元にそのクレームが来る頃にはもうどうにもならない、消火できないような大きいクレームになっていることが多いので、まずはその上司に行ってもらって、お客様のお話をよく聞き、思いをちゃんとうかがいます。お話を聞く時は、こちらから話を終わらせようとはしないこと。最後までお客様のお話をうかがわなければなりません。そこでおさまらない場合は、人を変えるというのがいいと思います。

お客様も一度誰かにお話されると、別の人に「またもう一回話すのか」ということになりまして、大分お疲れになるようなんですが、人を変えるというのも一つです。ただやはり一番の基本はお待たせをしないこと。そして決してきれいごとではないんですが、やはり心を尽くしてお詫びをするということですね。お客様の気持ちをきちっと伺って、その上でどのようにさせていただければお客様の気持ちが済むのか。だいたい値引きをすれば気持ちがおさまるというのは世の常なんですが、それは最後の最後の手段で、私どもではできるだけ値引きの土俵には上がらないように、できるだけ心を尽くしておさめていただくというところをとっております。

学生A　ありがとうございました。

司　会　基本はポリシーをしっかりと守るということでしょうか。

佐藤女将　そうですね。私たちの己のポリシーを守りながらクレームを処理していく。譲るべきところは譲り、決して譲っていけないところは譲らない、というところはクレーム処理の根幹だと思っております。でもお若いのに、クレームをこの歳から処理なさっていてすばらしいと思います。どうぞ経験を積んでください。

司　会　次の質問をどうぞ。

学生B　経営学科四年の学生です。本日は貴重なお話ありがとうございました。お話の中でビュッフェのことがありましたけれども、今は旅館やホテルでも食事のスタイルをビュッフェ形式にしているところが多いと思いますが、ご年配のお客様で足腰が弱い方などはビュッフェスタイルはどうなのでしょうか。佐勘さんではそういったお客様に対してご配慮をされていることがあればぜひお聞かせください。

佐藤女将　わかりました。ありがとうございます。裏話になりますが、旅館側の事情としては、大概は人件費の削減というところでビュッフェに踏み切る旅館さんが多いと思うんですね。すべてがそういうわけではないんですけれども。お部屋に朝食をお持ちするということに比べて、お客様に朝食会場に集っていただくということは人件費のかなりのカットになります。

私どもは震災の後、人手が少なくなりました。それで今まで守ってきたお部屋で朝食を召し上がっていただくスタイルが不可能、できない状態になってしまったので、とりあえず震災の後の半年間、一年間だけは、ということでビュッフェを始めさせていただいたんですね。

ご質問にありましたように、高齢化社会に入り、私どもでもご高齢のお客様がたくさんお見え下さいます。その中にはお足のご不自由な方々も多くいらっしゃいます。

ただビュッフェを始めてみてわかったんですけれども、そういった方々も「ビュッフェのほうがいいよ」とおっしゃるんですね。私も最初は本当にびっくりしましたけれども、皆さんご自分で好きなものを好きなだけとれる。今は朝食も皆さんスタイルがまちまちで、昔はお味噌汁とご飯と鮭という日本伝統の和食のご朝食を出せばそれでよかったのですが、日本旅館でもお客様が毎日パンを食べているので、朝からご飯を食べると体調がよくないとか、朝からいろいろフルーツが食べたい、ああしたいこうしたい、生ビールが飲みたいというお客様もいらっしゃるぐらいなんです。

そういったご要望を全部その一つの会場に詰め込みまして、さあどうぞ朝はバイキングですとしましたら、長年、佐勘を何十年間もご愛顧いただいているお客様も「いやこっちのほうがいいよ」とおっしゃるものですから、私も今どうしてなんだろうというところですごく迷っております。

ただおっしゃるとおり、お足のご不自由なお客様、車いすのお客様もいらっしゃいます。そういったお客様も朝食会場に下りてきたいというお客様が大半なんですが、できればお部屋でというお客様にはビュッフェ会場のお品を担当の仲居さんがお部屋までお持ちして、お部屋のほうで召し上がっていただくようなシステムをつくっております。

その場合は宿代にプラスαして、お部屋でのご朝食ということに付加価値をつけてご案内をさせていただいております。

司　会　ほかに質問はありますか。ではここで私から一つ質問をさせていただきます。お話にありましたが時代によって、バブルの時は団体客中心でしたが、今は個人客が中心となってきまして、旅館のサービスも変化しているということですが、これから旅館のサービスはどのように進化していこうとしているのかについて教えていただければと思います。

佐藤女将　ありがとうございます。私どもでは昭和五十年代から鉄筋の建物を建て始めまして、今は第四期工事ぐらいに入っているんですね。その当時はだいたい百名様弱ぐらい収容の旅館でしたけれども、今、平成二十四年になりまして九百名収容、客室数が百八十室ございます。それでなかなか大きい組織なものですから、ちょっと小回りがききにくくなってまいりました。

それで平成十年に松島の手樽《てだる》海岸という国定公園の一角に、「松島佐勘松庵《しょうあん》」という客室数十一室で収容三十五名様ぐらいの旅館をつくりました。やはりやってみますと大変小回りがききます。とくにこの間の震災のような有事の際には小さい旅館は小回りがききまして大変変化しやすい組織なんですね。

じゃ大きい旅館と小さい旅館、どっちがいいですかというところに行きつくんですが、やはりどちらも長所があり欠点がございます。小さい旅館というのはなかなか収益が上がりにくいところもございます。お客様からは「すばらしかった。秋保より松島のほうがいい」というお声もいただきます。お客様の評価は大変頂戴するのですが、なかなか秋保のように大きい収益は上げられないのです。

また、秋保の方はやはり大きいものですから、なかなか小回りがきかない。例えば一つのことを「今日からこういうことをしましょう」といってスローガンを掲げるんですけれども、それが全社員に浸透するまで二週間ぐらいかかってしまうということもございます。昭和四十年代「大きい事はいい事だ」という某菓子メーカーのコマーシャルがありましたが、平成の今、「小さい事はいい事だ…」という時代が来たように感じます。

ちょっと質問の趣旨から外れましたけれども、日本旅館として、私どもがこうやってずっとお商売を続けてこられた大きな理由の一つに時代と共に変化してきたという事があります。時代の変化とともに日本人の生活も変わってきました。昔はちゃぶ台でご飯を食べて、一つのお部屋しかないところでちゃぶ台を片付けた後にお布団を敷いて家族五、六人が寝るという生活が昭和の戦後まで続いていました。

ところが最近では皆さんもう一人一室の時代になってきまして、お客様も本当に変化をしております。昔は社員旅行などですと一部屋に七人くらい社員の皆さんに入っていただいても別にそれが当たり前の時代でしたけれども、今は社員旅行でも一室二人か三人ぐらいでというご要望のお客様が増えてきました。本当に個人の時代になってきたんだなと感じます。

ですから私たちもこの個人の時代に合った日本旅館づくりをしなければいけないと思っております。それで大きいお部屋をたくさんつくるよりは、小さなお部屋をたくさんつくった方がいいのかな、そして畳のないお家も増えて今はマンションなんかでも畳のお部屋をわざとフローリングにする時代だそうですので、なるだけベッドにして、食べるお部屋もダイニングテーブルをしつらえて、ただ少しは日本の文化を感じさせる和の空間を残すようなつくり方がいいのかなとか、いろいろ考えております。

司　会　ありがとうございます。

佐藤女将　私は先代から日本旅館というのは日本文化を継承する商売なんだというのをずっと教わってきました。けれども日本文化を守るというのもなかなか限度がありまして、やはり六十五歳以上のお客様が多くなりますと、どうしてもお布団よりベッドで眠りたいとか、今はお膳で畳に座ってご飯を召し上がっていただく宴会の形式なんですが、やはり皆さん一時間二時間を座って宴会するのは厳しいというお声が上がってくれば、畳の上にイスやテーブルを置いてのご宴会というスタイルも多くなってまいりました。

ですから日本文化を継承しながら、やはり少しずつ姿を変えていくということが私たちに求められているものではないかと日々実感しております。

司　会　最後にもう一人、質問をお願いします。

学生C　経営学部四年の者です。本日は貴重なお話をありがとうございました。私からは森のダイニングについての質問なんですけれども、このプロジェクトは佐勘さん一旅館ではなくて、秋保温泉という大きな単位でのプロジェクトであるというお話を伺いました。やはりこういう大きなプロジェクトというのは参加する人も多くなって実現するのは難しくなると思うんですけれども、それを秋保温泉さんでは見事に成功させているということで、その成功の理由について、例えばリーダーシップを持った旅館があるとか、秋保温泉に協力し合えるムードがあるとか、そういった理由があれば教えていただきたいと思います。

佐藤女将　ありがとうございます。今の秋保温泉組合の組合長は、佐勘の代表取締役社長である三十四代の佐藤勘三郎がさせていただいておりますが、決して佐藤勘三郎一人の力だけではなく、やはり秋保は変わらなければという意識が組合員の皆さんに芽生えてきたことが大きいと思います。

昔の秋保温泉は個々の旅館で競争し合ってここまで成長して来ました。ですが今は個々の旅館同士の競争というよりは、温泉地同士、さらには県単位の競争に入ってきています。これまでは秋保と作並とか、秋保と松島の競争という図式でしたが、秋保が全国、それを越えて世界からのお客様を受け入れるようになりまして、決してライバルは作並や松島ではないと、ライバルは有馬温泉かもしれないし道後温泉かもしれないというところに、だんだんと私たちも気がついて、それじゃ有馬と闘うにはどうすればいいかと言う所に行き着きます。そうなるとやはり佐勘一人だけでは闘えない。やはりみんなを巻き込んで、全国からさらには、今は外国から中国や台湾からもお客様がお見えですから、秋保の町に魅力がなければそういう人たちを獲得できないんだというところに行き着きました。

相乗効果という言葉があります。一つの旅館だけでは努力してもここまでしか行かないけれども、二つ、三つの旅館で協力して努力し合うと、それがお互いに効果や影響をもたらして、より大きな結果を生むという言葉です。まさにそのとおりで、やはり手を取り合って秋保の魅力をつくるということが一番大切なことだと考えております。

そして旅館だけよくなってもだめなんですね。秋保の農家の皆さん、それから工人の皆さん、いろんな方々がいらっしゃいます。地域が全体によくならないと町全体が活性化してこない。町おこしとまではいきませんが、そこからのスタートです。

おわかりいただけましたでしょうか。ただ、リーダーシップは必要です。やはりどうしても皆さん、お互いに利益が絡んだ組織ですから。ですから歩み寄りというのはお互いに必要なんです。自分もここは譲るから、あなたもそこを譲ってくださいとか、そういったことでの歩み寄りの調整にはリーダーが不可欠だと思います。

司　会　どうもありがとうございました。

佐藤女将　十年たつと私は還暦を迎える頃です。私は秋保生まれで秋保育ちなんですね。ずっと秋保の山々に囲まれて育ってきて、今こうやって秋保の町をよくしたいと頑張っているわけですが、一番大事なことは秋保の自然を、温泉も限りある自然の一つなんですが、秋保の自然や資源を後世に引き継いでいくことではないかなと思っています。

昭和の終わり頃、各旅館が増築をして、秋保の資源、森林や何百年も生きてきた木を切り倒して鉄筋の大型施設をつくってきました。これからは私たちが秋保の自然を大事に守り、それを後世に残し、秋保というすてきな町をいつまでも子孫に引き継いでもらえるよう頑張るのが、自分たちの、己の課題ではないかと思っております。

いつまでも皆さんに愛していただける秋保にするために、本業以外も頑張っていきたいと思っておりますのでよろしくお願いいたします。

司　会　今日は佐勘の女将である佐藤千賀子様にご講演をいただきました。どうもありがとうございました。

佐藤女将　いえ、こちらこそ、良い機会をいただきましてどうもありがとうございました。

（拍手）

（講義日：二〇一二年一一月一日　編集：斎藤善之）

第2章

自然豊かな仙台の奥座敷で
ほっこりできる宿をめざして

菅原 賀寿美

旅館情報

湯の原ホテル

■所在地：仙台市青葉区作並字元木 1
■連絡先：022（395）2241
■創業年：1958 年（昭和 33 年）
■客室数：30 室
■http://www.yunohara.co.jp/

全　景

作並温泉と湯の原ホテル

作並《さくなみ》温泉湯《ゆ》の原《はら》ホテル女将の菅原賀寿美《かずみ》です。本日はどうぞよろしくお願いいたします。このような場でお話をするということは、私は初めての経験のことなので、すごく緊張しています。

皆さんは作並温泉はご存じでいらっしゃいますか？　お泊まりとか日帰り、外来入浴とかでおいでになったことは何度かございますか？　作並温泉は仙台市青葉区、国道四十八号、広瀬川の上流に位置しております。もうすこし行くと関山峠があり、山形との県境でございます。

作並温泉は仙台の奥座敷として親しまれております。四季折々楽しめますが、何もないのが取り柄の温泉地です。自然豊かな所で今は紅葉がとても美しい季節です。今年（二〇一二年）は紅葉が遅く「紅葉はまだか」と何度もお問い合わせのお電話をいただきましたが、今がちょうど見ごろでございます。

作並温泉の由来ですが、奈良時代に僧行基《ぎょうき》が発見したとも言われ、また鎌倉時代に鷹が傷を癒す姿を見た源頼朝が発見したとの伝説などもございます。

作並温泉には五軒の旅館と岩盤浴がありますが、源泉は広瀬川の川沿いにございます。各旅館さんで源泉を二つ、三つと持っておりますが、当社は有限会社作並温泉供給から源泉を引いております。三軒の旅館と岩盤浴、あと民家にも配湯しております。源泉は四十二℃で弱アルカリ性高温泉、単純泉という温泉で無色透明、無臭に近い温泉です。効能は神経痛、切り傷、火傷、アトピーなんかにもよく効いております。

温泉は温泉保護法によって無断開発が禁止されており、乱掘されないようになっております。ですから作並温泉では、もし新しい温泉旅館を作りたいという時は、源泉を持っているところから温泉を譲ってもらわないと旅館ができないような状態になっています。それで作並は少し遅れているのかなというような感じもありますが、温泉だけは保護されているので、まだまだ皆さんにたっぷりと温泉を使っての入浴ができるような状態でございます。

湯の原ホテルは私の父が創業いたしました。私で二代目でございます。主人はサラリーマン、銀行員でした。私は一度嫁に行きましたが主人が（ホテルの経営を）やってもいいということだったので、私は一人で嫁に行き家族五人で戻ってきたような状態なんですね。今は主人と長男が経営にあたっております。

創業は一九五八年で、今から五十四年前でございます。十ルームから始めましたので客室は天井とか床の間とか少々凝った造りをしました。皆さん床の間はおわかりですか？　床の

大理石風呂

間とか一つ一つ個性的に作ったお部屋がありました。今ですとお部屋はルームナンバーですが、お部屋にお花の名前を付けたりと少々こだわって作りました。

今も創業当時からの大理石のお風呂は残っておりまして、男性の方のお風呂になっています。奥州市水沢の国産の大理石で作られております。作並温泉のお湯とその大理石がすごくマッチしたのか、すごくお肌に優しい温泉でございます。今では考えられませんが、脱衣所は男性、女性別々でしたが、浴槽に入ると一緒になっていたんです。それで酔っぱらったお客さんが覗いたり潜ったりということもあって、今では本当に考えられない時代でした。

客層は、昔は県庁のお客様がほとんどでございました。運転手付きの黒塗りの車でいらっしゃるお客様が多く、お蔭様で繁盛しておりました。毎日が多忙でしたので、土曜日などは子供の時、調理場でお膳拭きとか盛り付けとかを手伝ったりもしておりま

展望風呂

した。今はみんな洗浄機とかでオートメーション化していますけれども。

それで増改築を続けまして、昭和三十四年に五ルーム増室、昭和四十二年に二ルーム、昭和四十七年には会議室とか宴会場を増設しました。昭和五十九年にはロビー周りと客室とかまた増えていきましたが、すごい好景気な時代でもありました。平成九年には今の展望風呂と露天風呂、客室十八ルームを増設いたしました。

先ほど申しましたように作並温泉は広瀬川の上流に位置しておりまして、川沿いにある旅館がほとんどでございましたが、我が宿では展望風呂を作りました。その時はエージェントの評価がすごく上がりまして、お客様もいっぱい送っていただきました。浴槽の回りに木を使いましたので、温泉の成分で浴槽の縁とかがだんだんと傷んでくるんですね。それで四年ぐらい前には全部石に変えました。

回文の里・作並

作並は「回文《かいぶん》の里」と言われております。皆さん回文というのはご存じですか？　上から読んでも下から読んでも同じというのが回文でございます。作並を詠んだ回文の碑がありますのでご紹介します。「みな草《くさ》の名《な》は百《はく》とし れ薬《くすり》なり、すくれしとくは花のさくなみ」という碑で、これを機に年に一回、回文大会を開催しております。今年で九回目ぐらいになります。回文の作品集、カルタなども発売しております。ネットで長文なんかも送られてきて、常連さんというか、作品集を毎年送ってくる方がいらっしゃるんですね。その方が先日、一等賞になったということで宿泊券でお泊りになられましたけれども、その方は本当に長文の回文を、よく考えるなというくらいのを作っておられますね。

それから作並は交流電化発祥の地でもあります。昭和二十八年に当時の国鉄に交流電化調査委員会が発足しまして、仙山線で実験をしました。そこで得られたデータを基礎として、北陸本線、東北本線、さらに全国へと鉄道が直流から交流へと切り替わり、最後に新幹線へと飛躍的に発展する、その交流電化が発祥した地でもあります。

それから空気と水がいいということで、宮城峡ニッカウヰスキーの仙台工場もございます。自分でつくったウイスキーが十年後に飲める、マイウイスキー塾というのもあります。それもネット予約で、二十組ぐらいの方が年に七回ぐらいウイスキー造りに参加されております。

ロビー

湯の原ホテルのおもてなし

今日の本題の「おもてなし」と言った時に、私は「おもてなしとは…、考えもしないで毎日仕事をしていたな」と思っておりました。

湯の原ホテルのおもてなしのことをお話いたします。

先ほどお話しましたけれども、旅行ガイド本とか、ネットとか、口コミやご紹介とか、何らかの方法で湯の原ホテルを選んでいただいてご予約をされたお客様が、果たしてどんな旅館だろう、どんなお料理が出るんだろう、お風呂は、サービスはと、心配と期待とをされてご来館されると思うんですね。

玄関に入った時のこの明かりは、パンフレットにも出ていると思うんですけれども、ちょっとレトロな感じの雰囲気のところをつくっておりますので、「お、もしかしたらちょっとほっこりできるんじゃない」というふうに思われて、お部屋の方でおくつろぎいただいて、お風呂に入り美味しいお食事を食べて、清潔なお布団でお休みになり、朝食を食べる。お帰りになる。旅館側の私どもは「お泊まりいただいて本当にありがとうございます」。お客様は「いいお宿でしたよ、また来ますからね。ありがとう」というふうに、要するにありがとう、ありがとうというのが基本ではないかなと思って接客しております。チェックアウトの時、チェックインの時よりも少しでも癒されたら、私たちはとてもうれしく思います。これが湯の原流のおもてなしでございます。

お客様を大切にし、お客様の満足を最大の喜びとしております。それから地域社会と取引先には信頼される企業であり続けたいと思っております。誠意と協調の心を持って従業員にとって働きがいのある職場つくりをしております。

おもてなしの三原則、「にこにこ笑顔、はきはき応対、きびきび態度」。私はにこにこ笑顔がちょっと足りない女将でして、お客様から「ちょっとかたいよ」と怒られたりする時もあります。「キャピキャピした女将だね」というふうに言われております。厳しい時代ですのでお客様を我が家へお迎えする気持ちが接客業の原点の心得として取り組んでおります。

旅館の経営

旅館業というのはこれでいいということは本当にないんです。資金、それから従業員の確保、施設の老朽化、今も震災で表の壁なんかが少し落ちているんですね。子供さんが来て「ちょっとやばいんじゃない」と言われながら入ってこられたりしますとちょっとがっかり

食事処

もしますが、それはしょうがないことで、中では笑顔でそれこそおもてなしをしているような状態でございます。

客層は団体から個人へと変わってまいりまして、今はほとんど個人のお客様が多い旅館でございます。それで団体が多かった時に使っていた広間が眠っているような状態になりましたので、そこに仕切りをしたり照明を変えたりして雰囲気づくりをして、会食場として利用しております。宴会が入ればそれらを全部取り外せるような造りをしておりますので、個室という感じではないんですけれども、ちょっとだけ個室感がでるような食事処をつくっております。

お料理の内容でございますが、昔は和食のお膳のスタイルが一般的で、今はランクというか料金と、それからお料理内容によってお客様に選んでいただけるように工夫をしております。例えばカロリー計算をした健康と美食のプラン、仙台名物の牛タンづくしのプラン、海鮮とアワビのプラン、ステーキがついているプランとかでご用意しております。

旅館は季節ごとにメニューが変わります。日本食は特に先取り先取りになりますので、春のお料理はもう冬の時季から食材を考えて組み立てて、親方と相談しながら作っております。

気をつけていることはオーバーブッキングです。客室は今のところ三十三ルームですので、電話の時の確認が大切です。特に料金ですね。税込みの料金を必ずお話しないと、お客様がチェックアウトの時になって「えっ、この料金じゃなかったんじゃない」とクレームになるのを避けるため、必ず確認しております。それから予約漏れです。あとは料理の内容ですね。

お客様は今はいろんなサイトを見て予約をなさいますので、自分がどこの旅館に予約をしたのかわからなくなっている時もあるんですね。この間も楽天でお申込みいただいたというお客様が「予約した」って玄関にいらっしゃいました。それが予約が入っていないので、私どもでは慌ててその楽天からの手配書を確認しました。入っていたんですがキャンセルになっていたんですね。それでお客様に「一度ご予約をいただきましたけれども、お客様の方でキャンセルということで、キャンセルの処置をさせていただいたんですが」とお話をしたら、お客様は「予約がないなら帰るよ」と怒っていらしたんですけれども、はっと思い出されたみたいで、いろんなところに予約をなさっていて結局はうちのお客様ではなかったという、それで私たちもちょっと一安心したことがございました。それをみんな従業員は「お化けが発生した」と言うんですね。

あとはチェックインの時間がだいたい十五時からとなっているんですが、十八時ぐらいまでにご連絡がないと、こちらからお客様に「今どの辺にいらっしゃいますか」と確認をするんですね。それで確認させていただいた時に「えっ、もう別な旅館で食事を食べているよ」というお客様がこの間二件、立て続けにあったんですね。その時はやっぱり皆さんグループか、一人一人で予約をとられて、結局、肝心の予約のキャンセルをしなかったりということで、そういうお客様もいらっしゃいます。

クレームについて

クレームですが、たまにありますね。私どもでは客室のお風呂は温泉でありませんので、そのようにお話させていただきますと、ほとんどのお客様はめったに使われないんですね。シャワーだけ使われるお客さまはいらっしゃいますけど。それでお部屋のお風呂は使わないので、たまたまお掃除のし忘れというか漏れがあって「蛇口から赤水が出た」というようなことで、この間はたいへんお叱りを受けました。そのお客様は小さいお子様がいらしたので温泉には入れられないと思われたみたいで、客室のお風呂を使おうとして赤水が出たということで怒られてお帰りになられました。そういうこともたまにはありますので、もうこれは本当にお掃除を徹底して行わないとクレームになってからでは遅過ぎるので、ほんとうに注意しております。

あと今はお部屋食をやっていないんですが、お部屋食をやっていた時に時間どおりにお持ちしないと「食事の時間を聞いたのにその時間に食事を持ってこないのはどういうわけだ」というようなお叱りも受けたこともございます。

それから今もすごく印象に残っているお客様なのですが、老夫婦で県外からいらしたお客様でしたが、ご自分は部屋食ではないんですよ」とおっしゃるんですね。うちでは部屋食は承っておりませんので「お部屋食ではないんですよ」とお話しても、絶対お部屋食で「自分たちは部屋食以外のところには泊まらない」というふうに言い張るんですね。いくら説明してもご納得していただけなかったので「ではとりあえずお食事はお部屋の方にお持ちしますので、ゆっくり召し上がってください」とお話したんですが、そのご主人様は「もう食べない。持ってきたらそのお膳を投げ捨てる」という風に言われましたので、それではお膳のものも食器もみんな壊れてしまいますので「じゃお出ししなくていいよ」と指示してお出ししなかったんですね。朝食も召し上がらなく、結局、チェックアウトの時に「食べなかったんだから料金を値引きしなさい」ということでお帰りになりました。何かちょっと「えっ」という感じがいたしますけれども、本当にその言った、言わない、お部屋食できる、できない、そういうことはフロントでチェックインの時には一応は伺いますが、やはり漏れる時があって、お客様にも従業員にも迷惑をかけたことがございます。

クレームになった時は、本当に心からお詫びをするというのが一つでございます。それと何かあった時にはすぐトップ（社長・女将）にも知らせることが大切です。（担当した者が）自分が謝ってお客様にご理解をいただいたのでいいのではということではなく、必ずトップにもこういうことでお客様にお詫びをし、ご理解いただきましたということを知らせてもらわないと、それもまたクレームになるんですね。これはよその旅館さんのことでございましたが、やはり連絡がトップまで行かないということで、またまたクレームになり結局ご自宅までお詫びに行ったというようなこともあったようでございます。

それと今は臭いの問題がございます。禁煙ルームはうちではご用意しておりませんので、お客様から「禁煙室でお願いします」というふうにご予約があったりする場合は「消臭とかオゾンの対応でよろしいですか」と確認してご利用いただいております。

あとは冷房や暖房の切り替えのときにやはり臭いの問題が発生いたします。資金がたくさんあれば毎年毎年お掃除というのも可能なんですが、なかなかそこまではうまく行かないので、本当にお掃除を徹底して行っているような状態でございます。

女将の仕事

私の仕事ですが、わが家は三十ルームしかございませんので、女将の仕事はどこの女将さんもみなさんそうかと思いますが、とにかく館内では走り回っております。「女将は何でもするんだよ」といいますが、私も本当にそのとおりです。今日は着物を着ておりますけれども実際は洋服です。

お出迎えのほかに、事務所で電話を受けてご予約を頂戴したり、それからお部屋割というか、三十ルームのお部屋をどのお客様にするかを割り振りをしたり、宴会場の割り振りをしたり、その係をつけたり、それから料理の手配をしたり、そういうのを全般的にやっております。たまには売店の売り子もいたします。

あと夜のお食事処のご案内ですね。何ヶ所にも分かれますので、お客様のお名前とお部屋番号を聞いて、お食事処の方にご案内して召し上がっていただくというようなこともしております。

たまたま先日は同じお名前の方がいらしたものですから、係が間違って自分のお客様と思って自分のお食事処にご案内したんですね。次に三十分ぐらい遅れて同じお名前の方がいらして、私がそこのお食事処の方にご案内したら「えっ、その方はもう召し上がられていますよ」と言われて、これもまたビックリ仰天でございました。それから慌てて作り直したんですが、一つのプランは特別プランだったので、そこで二十分ぐらいお客様をお待たせしてしまった状態でございました。それからは本当にお客様のお名前とルーム番号をきちんと確かめるということが大切だとあらためて思いました。

お客様との接し方

あと今私が思っていることは、ご利用いただくお客様がこの頃すごく忘れ物が多いんですね。この間は指輪とかアクセサリーを客室に置かれて、ちょっとしたティッシュに包んでおいたのを忘れたので探してほしいというお客様があったんですね。そのお客様は詳しく、こういう状態でこういうふうにしてお部屋の方に置いてきたので絶対にお部屋にあるはずだから探してほしいということでしたから、もうそれこそブルーシートを敷いて五つぐらいごみ袋をひっくり返してぜんぶみたんですがなかったんです。そうしたらそのお客様から「申し訳なかった。自分のバッグに入っていました」ということがあったんですね。まあ本当にその時はあったのでよかったんですが。そういうお忘れ物がほんとうに多いんですね。

変な話、もう自分が着ていて脱いだものも忘れていかれるようなお客様が本当にいらっしゃるんです。それですぐにご連絡いただければ、お取り置きはしてあるので宅急便で送るとか何かできるんですけれども。連絡がないお客様のお忘れ物は本当に大変な数になっておりまして、三ヶ月ぐらいまでは保管しておりますけれども、本当に捨ててもいいのかな、どうなのかなと思いながら処分しているような状態でございます。皆さんもぜひ旅館に行かれた時は、お忘れ物にはご注意くださいますようにお願いいたします。

震災の時に被災されたお客様でしたが、お部屋の金庫の中に大事な通帳から何から全部忘れていかれたんですね。次のお客様が入られて「金庫の中にこういうものが入っていましたよ」とご連絡をいただいて、そのお客様が届けてくださったのでよかったんですが、忘れたお客様からは何の連絡もなかったんです。それでどういうふうにそのお客様にご連絡をしたらいいか、とりあえず宿帳に書いていただいたお客様にご連絡したんですが、その人が「わからない」とおっしゃるんですね。「自分のものではない」と言われたものですから、これまたどういうことなのかと。そうしたら兄弟の方がお忘れになって、それでその方はわからなかったというようなことで、一ヶ月ぐらい経ってから取りにみえたということもありました。

それからお泊まりいただいたお客様がお食事に行っている間に、従業員がお部屋の片付けに入ることがあるんですね。湯飲み茶わんとか、そういうものをちょっと片付けに。その時、たまたまテーブルの上に空のペットボトルが置いてあったのでそれも片付けさせてもらったんです。飲み終わったペットボトルなので要らないなと思って。そうしたらお客様から「それには帰りにまた水を入れて持っていくんですから持ってきてください」とおっしゃられまして、もう本当に空になったものも手を付けないでおかないと、そういうこともあるんだなと思いました。

みやぎおかみ会

「みやぎおかみ会」というのがございます。こちらに今日、講師として参りましたのも「みやぎおかみ会」からでございます。県の宣伝キャンペーン、来年は二回目のDCキャンペーンがありますので、そこで宣伝をする時には、おかみたちが一緒にキャンペーンに行ったりもいたします。

この九月には東北で初めて「全国おかみの集い」が仙台で行われました。そのお話をいただいた時には、震災を受けてまだ復興していない旅館もあるので、お受けしていいのかと思いましたけれども、全国からの支援やお励ましのお電話とかお手紙とか頂戴しているので、もう「こちらではみんな頑張っていますよ」というメッセージを東北から発信しなければいけないということで開催することにいたしました。全国から二百五十人くらいの女将さんや業者の方が集まって開催されました。

震災の経験

先ほどお話したように、作並温泉もそうですが宮城の温泉地というのは海岸部を除けばだいたい岩盤なんですね。それで大きな被害というのはほとんどなかったと思います。旅館独自の継ぎ足しという造りをしているところはちょっと建物自体に亀裂が入ったり柱が折れたりということもありましたけれども、そんなにお休みせず営業ができたと思います。

作並温泉でも震災の時は、水道、ガスの関係者、それから私どもは仙山線の復旧のお仕事関係の方がお泊まりになりました。

地震の時、三月十一日はちょうど金曜日でしたので、食材はどこの旅館もたくさん仕入れてあったと思います。電気が四日ほど止まりました。水道は大丈夫でした。ガスはプロパンガスだったので調理も大丈夫でした。けれども仕入れしてある食材がなくなったら作れないと言われましたので、お泊まりのお客様をどこまでお受けしたらいいものかということをすごく迷いながら、無駄遣いはしない、それからお客様に出すカセットガスのコンロがたくさんありましたので、そちらを使ったりして対応いたしました。

当時はガソリンがなくなったということもあって、作並温泉は仙台駅から二十八キロなんですけれども「何かあった時のために車にガソリンを残しておかないと困るから。作並は遠いよ」と言われまして、せっかくお入りいただけるようになったお風呂にもおいでいただけなかった方もありました。

震災後は、四月の三週目ぐらいからまずお風呂を開放いたしました。停電が終わり源泉からお湯が出ましたので、お風呂を開放しましたが、その時は本当に皆さんにすごく喜んでいただきました。足を伸ばして暖かいお風呂に入ることがすごく気持ちを楽にするというか、不安な気持ちも楽にするということで、私ども温泉というのは本当にありがたいなとつくづく思ったような次第でございました。

質疑応答

司　会　ありがとうございました。では会場の皆さんから質問を出していただければと思います。どうでしょうか。

学生A　経営学部四年のAと申します。貴重なお話ありがとうございました。個人的なイメージですが作並温泉と言いますと電車で行ける温泉というイメージがあるのですが、そうした強みを生かした企画などは行っているのでしょうか?

菅原女将　そうですね。作並温泉は本当に交通の便利がいいということで、仙山線がご利用いただけるので東京からでも来てもらえるんですね。仙山線は落ち葉で遅れたりすることもあるんですけれども、私たちは仙台から近い温泉、交通の便利な温泉地ですとご案内しています。ただ特にそれを生かしてというのはなかなかできないですね。

以前の一回目のDCキャンペーンの時もちょうど秋から冬だったので、仙山線沿線の面白山の紅葉をめでるSL列車を紅葉号みたいにして走らせてほしいと要望したんですけれども、いろいろと難しいことがあって結局できない状態だったですね。

今は仙台と山形で仙山交流とかといって、いろいろな食べ物のイベントなんかを山形でやったり仙台でやったりしておりますけれども、交通機関を含めてというのは今のところないようですね。

学生A　ありがとうございます。

学生B　経営学部三年のBです。お話いただきましたクレームのことですけれども、ホテル側のミスでお客様にお詫びすることのほかに、お客様側の理不尽と思われる理由に関してはどのように対応されているのかを教えて頂きたいのですが。

菅原女将　クレームは本当に理不尽なものもありますけれども「えっ、これがクレームですか」というのもクレームなんですよね。でもお客様からすれば、本当にそう思っていらっしゃるので、まずは心よりお詫びをいたします。

それから例えばお部屋の温度なんかもお客様をお迎えする前に冷暖房は入れておくわけなんですね。そうしないとチェックインされたお客様がお部屋に行った時、夏場ですと冷房が効いてないことがクレームになったりするんです。その時はお部屋が空いていればチェンジもできるんですが、そういうクレームの時ってわりと満室な状態なんですね。その状態の時にはお部屋のチェンジはできかねるので、もう本当に扇風機を持っていったり暖房を持っていったりというようなことで対応しながら、お客様には本当にご迷惑をおかけしましたという形でお詫びをしていますね。

それで私どもでは大きなクレームというか裁判になったりということは今のところはないんですが、そういう旅館さんのお話も聞いておりますので、本当にクレームというのは注意しなければいけないことですね。

あと今は口コミがすごいんですね。ネットに書かれてしまうとすぐに消せないですし。ですからその場で言っていただければ、私どもの旅館で二十四時間という時間をお過ごしいただくので、それからでもクレームにならないように十分に対応できると思うんですね。ですからお帰りになってからではなくて、その場で言っていただけたらよかったのにという思いもたまにあります。

司　会　ありがとうございました。ほかに質問はありませんか？

学生C　経営学部のCです。作並温泉の旅館の中で湯の原ホテルさんの強みとか、取り組まれていることがあれば教えてください。

菅原女将　作並温泉は旅館が今五軒しかないんです、それが国道四十八号線に沿って点々と存在しているんですね。そのため温泉街というのが作並温泉にはないんです。それで手前どもはさっきお話したようにまずは展望風呂が売りですね。それからお料理には力を入れております。メニューもお話したように五つぐらいありますので、そこから選んでいただいていという形で予約をして頂いております。

司　会　秋保と作並とはよく並び称されていますが、作並ならではという個性の出し方とか、あるいは秋保と協力してやるというような取り組みはどうでしょうか？

菅原女将　秋保と作並で共同で何かするというのは今のところないんですね。それぞれに温泉旅館組合がありまして、そこで先ほどお話したように色々と考えてやっています。ただ作並温泉は何もないのが取り柄でして温泉街もないですし、それで月を見る会とか、星を見るとか、そういう企画ができないかなって思っているんですが、今までできない状態ですね。それで自然を楽しんでいただくのに、各旅館がレンタル自転車を用意して、それを使っていただいて自然散策をしていただくことも考えています。

以前、ノルディックウォークもやったんですが、これも旅館が五軒ですと、なかなかそれを運営する体制ができなくて、今年はまだやっていない状態ですね。

学生D　経営学科四年のDと申します。今日は貴重なお話ありがとうございました。先ほどお客様から女将さんの笑顔が足りないとお叱りを受けたというお話があったんですけれども、女将さんがご自身で接客の時に生かしている長所や強みについてお話いただけたらと思います。

菅原女将　それがなかなか難しいんですね。先ほどおもてなしの三原則というお話をしましたけれども、「にこにこ笑顔、はきはき対応、きびきびした態度」というのはどの職場でも多分必要だと思うんですね。うちはスタッフが少ないものですから、何もかもやらなければいけない状態なんですね。ですから中途半端にお客様に対応するということで、この間もお叱りを受けたんですけれども。それは売店でお客様がお求めになって「ありがとうございました」と言ってすぐにフロントの方に戻って対応させていただいたんですね。そうしたらそのお客様に「買ったらさっさと帰れということか」とそのようにお取りになった感じでお叱りを受けたんですね。私はもちろんそういうつもりはないんですけれども、結局、売店が空いてフロントが混んでいたのですぐそちらに行ったんですけれども、お客様はそういう事情はわからないわけですから、売店で最終までお見送りをしたりというのが足りなかったのかと「そういうことも必要なんだな」と思ったりもします。

ですからどうしても一人対一人でなくて、一人対多数の接客になってしまうものですから、こちらでお話をしていても、こっちの耳では違うこと、例えばだれかが話しているのを「そういう言い方はおかしいよ」なんて思っていると、それがもろにお客様には感じられて、自分が接客されているのに「違うことを考えているんじゃない」ということで、やはりそれも一対一できちんとお話をしないといけないと思いますしね。あと電話の対応もやはり柔らかにお話をするということも一つかなと思ったりもします。

学生E　経営学部三年のEと申します。お客様ですけれども団体から個人へと変化しているということで、宴会場を仕切って個室風にしたりと個人のお客様への対応を強めていると伺いましたが、団体から個人のお客様の変化で一番難しいことは何ですか？

菅原女将　それはやはり売上げですよ。もうモロに来ます。団体は人数で勝負ですので、客室の定員というか、ある程度五人とか四人で入っていただきますので宿泊単価が安くても旅館側にはありがたいお客様だったんですね。

でも今は本当に団体のお客様も少なくなりまして、うちでは年に数回で、バスで来ることもあまりないですし、それから客室も五人というようなのはなくて、定員ベースのマイナスで入りますので、やはり売上げは減りますよね。それで個人のお客様というのは、お泊まりになった時にも宿泊料金がすべてで、お飲み物から何からみんなお持ちになってくるわけですからね。

司　会　それから震災のお話をしていただきましたが、震災からもうすぐ一年半になるこの時期、旅館業の置かれている状況はどのようなものでしょうか。宿泊客の戻り具合とか、あるいは別の種類のお客さんが来るようになったとか、または売上げにこういう影響があったとか、震災後の回復状況といいますか、そのあたりについて教えていただければと思います。

菅原女将　震災後はですね。まず去年の五月の連休は四月二十九日あたりから一般のお客様を受け入れることにしたんですね。普通の五月の連休なら宿泊料金は千円から二千円くらいずつアップするんですけれども、その時はそこまではできないんじゃないかと、恐る恐るでそれこそ普通の料金よりも下げたんです。それと震災後で皆さん東北に来て現場を見て応援してくださいという報道がありまして、その五月の連休はすごくお客様が入りました。料金を下げたせいなのか、その報道のせいなのか、とりあえずお客様に来ていただきました。その後は徐々に戻りつつ、その年の忘年会でも少し動きがありました。それで今は本当に観光客のお客様は戻ってらしていると思います。

司　会　この間、宮城の観光統計を見たんですが、そこで出ていたのが稼働は上がっているのに逆に単価が落ちてきていると。それが宮城の特徴かと思ったんですが、そのあたり感じていらっしゃることを教えていただけないでしょうか。

菅原女将　宿泊単価は確かに下がっています。平日は本当に単価が安いです。エージェントが間に入ったりすると、そこから手数料が取られますので「えっ、一泊二食こんな料金でお泊まりいただくの？」というのが本心でございます。でもたくさんのお客様においでいただければなんとか売上げにはつながるのではないかと営業している状態です。

ただ単価をあまり下げてしまうと、今度は上げるのは旅館特有の事情があって難しいんです。ですから旅館の料金設定はそこそこにしないと大変になるんです。それでも「三千いくらで泊まれる宿がある」とかと言われると「それこそお風呂に入り食事をして一泊二食で三千いくらなんですか？」というようなものもあるんですね。そういうところはやはり押すな押すなで、作並温泉ではそういうところはありませんけれども、そういうところが増えているのは確かですね。

学生F　経営学部三年のFです。今日は貴重なお話ありがとうございました。お話の中でクレームの具体的なお話を聞かせていただいたんですけれども、逆にうれしかった話とか具体的なエピソードがあったら教えていただきたいと思います。

菅原女将　そうですね。うちは年齢層が高いお客様が結構いらっしゃるんですね。それで毎年、お正月になるとご夫婦でおいでになるお客様が何組かいらっしゃるんです。そういう七十歳、八十歳のご夫婦に毎年おいでいただけることがすごくありがたいことだと思っております。そうやって毎年元気でお会いできることがうれしいんですが、そういうお客様がお見えにならないと「どうしたのかな、体調でも崩されているのかな」と接待とかフロントでその方のお話が出るんですね。それは何か通じるものがあるんでしょうか。そうしましたらお電話をいただきまして奥様が亡くなられたというようなことを聞いたりしますと本当にとっても寂しく思います。

司　会　部屋のランクは分けていらっしゃるんですか。

菅原女将　旧館がありますので、そこはネットで「訳ありプラン」というふうにして売っております。あとはそんなにあまり差はないですね。

平成六年に部屋を作った時、おトイレをウォシュレットにしたんです。最初はただ普通の洋式のおトイレを予定していたんですけれども、たまたま知っている方から「家庭にもうそういう（ウォシュレットタイプの）おトイレが出ているのに旅館でそういうのがないというのはダメなんじゃない」と言われて、そうだなと思ってそういうふうにしたんですが、今思えばそれはとてもよかったと思います。

学生G　経営学部のGです。貴重なお話をありがとうございます。先ほどご年配のお客様が多いとお聞きしたんですけれども、そういうお客様はリピーターが多いんでしょうか。

菅原女将　それは多いですね。仙台の方ですと近いので月に一回とか三ヶ月に一回とか来てくださるお客様もいらっしゃいます。それで連泊されるお客様が二組ぐらいいらっしゃると厨房の方では大変になります。二日目、三日目となりますと同じお料理はお出しできないので。

今は顧客データで管理していますので、そのお客様が前にはいつ何日にお泊まりいただいたかがすぐ出てくるので、その時のお料理が何だったかをみて、お料理をどうするかを考えることができますので、そういう点では顧客管理はできますので助かっています。

学生H　経営学科三年のHと申します。本日は貴重なお話をありがとうございました。お話の中で、クレームが再発しないように具体的な対応マニュアルを作るとか、そういうことがあれば教えていただけるとありがたいです。

菅原女将　マニュアルというのは別にないんですね。本当にこれがクレームなんですかというのもクレームになりますので。お部屋においているアンケートなどに書かれていたことは、とりあえずはできるものは即するということで対応しております。あと、もうなってしまったものに対しては本当にその場でもうお詫びをするほかないんですよね。

司　会　ありがとうございます。ではこのへんで本日のご講義は終了とさせていただきたいと思います。ありがとうございました。（拍手）

（講義日：二〇一二年一一月八日　　編集：斎藤善之）

第3章

政宗公ゆかりの宿に嫁入りした女将の感性を磨く接客の心

遊佐 静子

旅館情報

ゆさや旅館

■所在地：宮城県大崎市鳴子温泉字湯元84
■連絡先：0229（83）2565
■創業年：1632年（寛永9年）
■客室数：14室
■http://www.yusaya.co.jp/

ゆさや外観

女将になるまで

私は鳴子温泉のゆさや旅館の遊佐静子《ゆさしずこ》と申します。こういう場はなかなか不慣れでございまして、お聞き苦しいかと思いますが、よろしくお願いいたします。

まず若い頃から今までをお話したいと思います。私は生まれが神奈川県川崎市になります。今はもうなくなってしまった向ヶ丘遊園のあたり、小田急沿線の登戸駅のすぐ近くで生まれました。よく子供の頃は向ヶ丘遊園とか多摩川で遊んでいました。

学生の頃や社会人になっても実家から離れたことがなかったんですが、結婚を機にこの東北、鳴子温泉に来ました。けれども冬はとても寒くて、いまだにしもやけができます。今日も指輪ができないぐらいしもやけができています。

主人と知り合ったのは社会人の頃でした。私は羽田に勤めておりまして、主人も商社にいたんですね。その頃に知り合いまして結婚することになりました。結婚が決まりまして、主人は旅館の次男だったのですが、長男が子供の頃になくなっておりましたので、後を継がなくてはいけないということになりました。継ぐのは何年か先でいいと言われていましたけれども、主人は商社にいたものですから海外勤務が多くて、たまたまサンフランシスコ勤務が決まりました。行ってしまうとなかなか帰ってこられなくなるので、一回鳴子の旅館に帰省したんですね。そうしましたら両親も大分年老いていましたし、旅館のほうもガタが来ているような感じがしまして、そのサンフランシスコ勤務をやめて急きょ鳴子温泉に戻ることにしたんです。

でも私もちょうどその頃、子供ができているのがわかりまして、昔は新幹線がなかったものですから、落ち着くまではよくないということで、私は二ヶ月後ぐらい後になって鳴子に行きました。

主人が迎えに来たんですけれども、何かもう旅行以外では家から離れたことがないのに、本当に遠くに行ってしまうんだなと思ってすごく悲しくなってしまいました。行きたくなくて実家にいたくて、もうわんわん泣いてしまいました。でも仕方がないので来ました。旅館のことは本当にまったくわからず、「温泉なんてただ自然に出てくる温泉で商売ができていいな」と思ったら、とんでもない大間違いでした。

手前どもの源泉は百度近い温度で出てくるんですね。ですから鉄管の間にスケールというごみがたまるんです。そのごみが詰まるとお湯がぴたっと出なくなってしまって、維持管理というのはすごく大変だな、そんな安易なことではないんだなということを、つくづく思いました。

でもやはり私の両親は旅館というのはすごく大変だというのはわかっていたようで、結婚を反対されたんです。けれども若気の何とかで来てしまったんですね。来た時は辺りの旅館はもうどんどんビルにしていったところが多かったんですが、こちらはしていなくて、本当に大変だったのを感じました。

若気の何とかで「二人でどうにか頑張っていけば何とかなるのではないか」、「つぶれたら、また東京に帰ればいいじゃないか」というぐらいの気持ちで始めたんですけれども、だんだん旅館業に携わっていくうちに、頑張らなくちゃいけないんだなという思いになってきました。

女将の仕事

私も子育てをしながら旅館のことを徐々に覚えていったんですが、いろんなことをしましたね。お皿洗いから料理の盛り付け、もう本当にさまざまなことをして、何でも屋さんだなと思いました。でもそのうちに、私も早く歳を取って、何か自由にしつらえやなにかも自分の思いどおりにしてみたいなと思うようになりました。けれどもやはりお嫁さんでしたからね。お伺いを立てながら徐々にやっていきました。

私は「女将」という言葉がとても嫌いで、いまだに嫌いなんですね。若い頃はお姉《あね》さんと

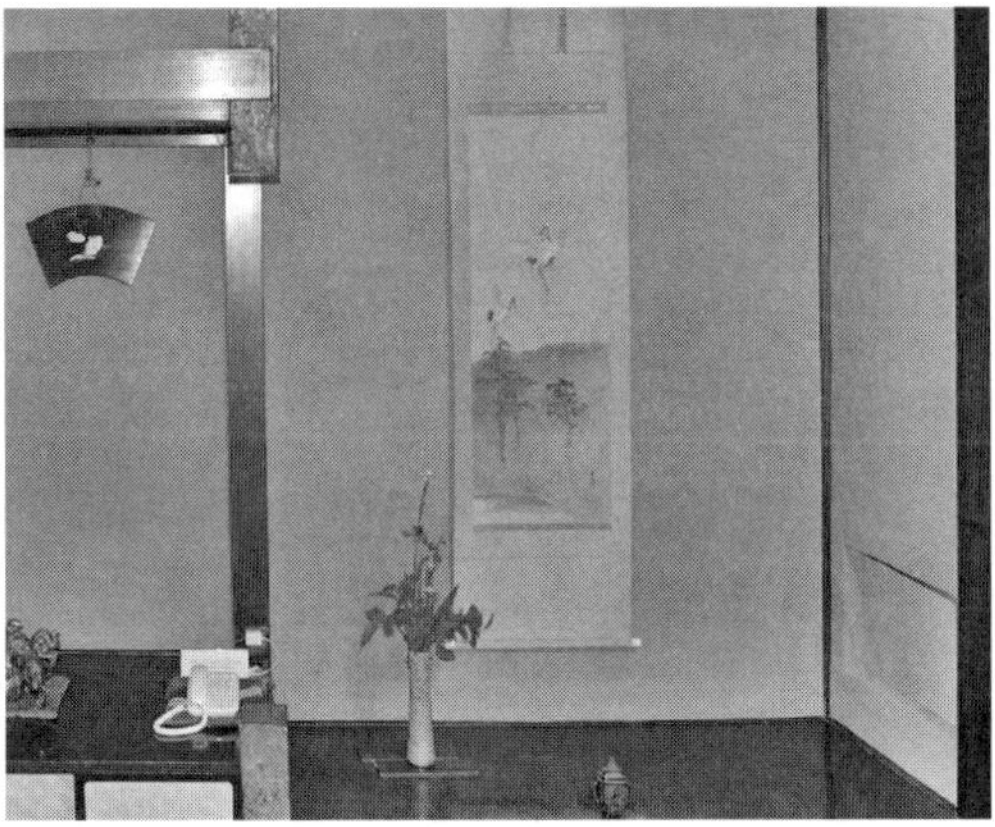

女将の生花

呼ばれていたからいいんですけれども、今、女将と呼ばれるようになると、ちょっと違和感がなくなってきたんですけれども、女将さんらしくない女将になりたいと思いました。「普通の女性が家庭の延長で旅館をやっている」という人になりたかったんですね。ですから、実はあまり女将さんらしくないんです。

仕事というと、朝はお茶出しやらお客様のお見送り。いろいろ十時過ぎくらいまでですかね。チェックアウトが十時ですのでお客様がお帰りになって、その後、皆でお掃除をして、終わりましたら従業員さんたちと一緒にお部屋の点検に入ります。

その後、お花を生けます。私は自然のお花を生けるのが生きがいでして、十一月ぐらいまでの季節のいいときは、知り合いの農家の方の庭がとても広くて四季折々いろんなお花が咲くものですから、そちらからいただいてまいります。十一月から先の時期は、どうしてもお花屋さんで買わなくてはいけませんので、そのお花を生けています。

それが終わりますと、チェックインが午後二時過ぎからなので、それからはお風呂の温度の調整をしたり、露天もあるので行ったり来たりします。露天は山の上にあるものですから、坂があって大変なんですけれどもね。それからお客様をお迎えしてご案内をします。

私の仕事の内容で一番幸せな時はお花を生ける時です。本当は時間に追われることなくゆっくりと生けたいんですけれども、そんなことも言っていられず、時間に追われていかにきれいに生けるかを考えて、さっさと客室に入れています。

鳴子温泉とゆさや旅館の歴史

鳴子温泉の歴史なんですけれども、江戸時代以前から、今のゆさやの隣にある滝の湯が鳴子ができた元なんですね。そこに湯治《とうじ》をして泊まりたいというお客様が増えたものですから、ゆさや旅館ができたそうです。それが一六三二年ですから、寛永九年です。伊達政宗公が寛永十三年に亡くなっておりますので、その四年前に創業されました。現在は三百八十年ぐらいになります。鳴子で一番古い旅館ですね。

徐々に旅館の軒数も増えていって、お土産屋さんができたり温泉街が形成されていきました。明治、大正の頃には全国的にも広く人々に知られた温泉へと成長していきました。

それなのにほかの温泉地が大きく落ち込んでいる中で鳴子が健闘している理由は、鳴子には九種類の泉質がそろっていまして、源泉が三百七十本あるからではないかと言われております。ちなみに「旅の手帖」では温泉番付の東の横綱に選ばれております。

ゆさやのほうは、滝の湯のための湯治の宿として建てられたのが起こりです。伊達家より「鳴子温泉を守り、多くの人々に利用してもらうように」とのご下命をいただき湯守に任ぜられました。今年（二〇一二年）で三百八十年になります。主人が十七代目遊佐勘左衛門《かんざえもん》を襲名しております。

現在のゆさやは昭和十一年に建てかえられましたが、木造二階建てで、外観や構造は江戸時代とあまり変わっていません。平成十二年には国の登録有形文化財に指定されました。当時、ＮＨＫテレビの取材を受けましたが、実際に営業に使われている建物は珍しいそうです。

建物は古いんですけれども、これまで大きく三回ほど改装しており、客室、廊下の内装、浴室、お手洗いなどはたえず手を加え、清潔感を保つようにしています。館内の雰囲気は、以前は和のテイストで琴なんかを流していましたが、最近は、朝はクラシック、夜はジャズとか、いろいろかけるようになりました。

ロビーは、昔ＴＢＳテレビでお部屋を改装したいという番組があったのですが、旅館なんか改装していただけるのかなと思って応募しましたら、やっていただくことになりました。赤松珠抄子《あかまつみさこ》先生というインテリアデザイナーの先生に来ていただきまして、ロビーのところが筒抜けだったのを、竹のパーテーションで囲いをつくってもらいまして、今はレトロな感じのロビーになっています。

茜の湯外観

毎年七月にはそのロビーで「ゆさや夏のコンサート」を開いています。室内楽やジャズのコンサートをしています。また一月には先ほどの大広間で「新春湯の街演芸会」という東京から落語の真打ちを招き、寄席を開いたりしています。

ゆさや旅館の特徴

お料理のテーマなんですけれども「月替わり山里料理」をお出ししています。季節の旬の素材や地元の素材を使うようにして、洋食のテイストも加えています。例えばバーニャカウダやソラマメのビシソワーズですね。ソラマメは岩出山に農家の方がいらっしゃって、とてもおいしいソラマメができるんですが、夏はそれのビシソワーズを出していて、大変好評をいただいております。あとは合鴨の山菜味噌炊き鍋と、極上級のワイン鍋です。ワイン鍋というのは牛肉の煮ているところにぱっとワインをかけたものです。ふたをとった途端にワインの香りが

茜の湯内部

ぷーんとして、とてもおいしいお料理です。あとはちょっとイタリアンな感じのホタテとタラのトマトスープがありますが、これまたおいしいです。

お風呂ですけれども、お泊まりいただきますと三種類の温泉に入っていただくことができます。内風呂のアルカリ泉の「うなぎ湯」、そのお隣にある酸性の硫黄泉「滝の湯」、それから弱アルカリ泉の露天風呂「茜《あかね》の湯」です。全部効能も違いまして、体にはとても効き目があります。

皆さん、何で「うなぎ湯」というかおわかりになりますか？　お子様が入ると「うなぎをつかまえるんだ」と潜っていったり、女性のお客様は「大きなうなぎが入っているんですか」とか聞かれるんですけれども、皆さんはどう思いますか？

これは、アルカリ泉でツルツルするんです。それで江戸時代の昔から「うなぎ湯」と呼ばれています。外人の方がお入りになりますと「シルキータッチ」、つまり絹糸のようとおっしゃいます。もうとても肌触りのいい温泉です。

あと江戸時代の幕末の伊達藩士保田光則《やすだみつのり》の書いた「撫子《なでしこ》日記」でも紹介されておりまして、「よもになも　鳴子の里の　にぎわうは　いで湯の神の　ちはいなりけり」と和歌が詠まれ、鳴子温泉が繁栄している様子と、それを先導しているのはゆさやだと記されています。実際に、その撫子日記で「うなぎ湯」と書いてあります。

おもてなしのこだわり

経営のコンセプトとしましては、よい温泉をしっかり維持管理して、多くのお客様に利用していただく。つまり三百八十年前、伊達家から賜った湯守の役目をいつの時代でも忠実に果たすこと。そのことでお客様が来てくださることを考えています。

おもてなしのこだわりですけれども、ゆさやにはサービスマニュアルはないんですね。一人一人に合わせました対応をするように心がけています。時代時代でおもてなしの方法は変わっていくと思うんですね。今何を求めて旅行なさっているのか、どのようなものを求められているのか、いろいろ勉強していかなくてはいけません。結局、いつの世も人間というのは和みや安らぎ、くつろぎを感じたいんだと思います。私たちの旅館に来ていただいて、普段の生活から離れて質の良い温泉とおいしいお料理で「ほっ」としていただけたら一番うれしいです。

そして私たちの意図したことがお客様から共感を得た時に、本当に喜びを感じます。したがいまして私たち自身もさまざまなセンスを磨いておく必要があります。それはまた旅館業の醍醐味でもあります。

皆様も絵を見たり、音楽を聞いたり、おいしいものを食べたりして、感覚を磨くことが大事だと思います。ファッションにも大いに関心を持ってください。そのことが皆様の人生を豊かにするばかりではなく、どのようなお仕事に就かれても生きてくるものです。

旅館というものは一人ではとてもできる仕事ではありません。いろいろなスタッフの人たちがいるからやっていけます。やはり一人一人のよいところを見つけて、それをお客様の接客に生かし喜んでいくことができたら、良いおもてなしになるのではないかと考えています。

来年四月から二回目の仙台・宮城デスティネーション・キャンペーンが始まります。三月ぐらいからポスターが貼り出されたり、コマーシャルが流れます。先日、吉永小百合さんが鳴子に来て撮影をしていきました。手前どもの露天風呂も吉永小百合さんが見ているところが多分映ると思います。鳴子温泉の街中や足湯も映ると思いますので、ぜひご覧になってください。

仙台もそうですけれども、デスティネーション・キャンペーンが始まると観光客の方がいっぱい見えると思うんですね。ですから何か道路を聞かれたり、おいしいところはどこですかと聞かれると思いますので、皆さんには感じよくお答えして、お客様に喜んでいただけるようにしていただけたらうれしいですね。

鳴子のほうも一生懸命頑張って、お客様に本当に喜んでいただけるようなおもてなしを、街や旅館、ホテルの人たちと考えていろいろやっているところです。ぜひ成功させたいと思いますので、皆さんもご協力よろしくお願いいたします。

質疑応答

震災時の状況

司　会　ありがとうございました。いくつか質問させてください。まず昨年の三月十一日の震災について、震災時の被害の状況や、その当時どうされたのか、あとは被災者の受け入れなど、そういった話をお聞かせいただければと思います。

遊佐女将　三月十一日は、私は仙台に出かけてこようと思って娘とまず古川でちょっと買い物をしていたんです。仙台に出かけようと思ったのは、ちょうど息子も新しい「はやぶさ」に乗って青森から来ていたので、「仙台で待ち合わせをして夕飯でも食べましょう」って待ち合わせの約束をしていたからです。

それで古川で買い物をしていましたら、お店に入った時にグラグラと来たものですから、そのまま外に出たんですね。そうしたら船に乗っているみたいですごかったんですよ。すぐ自分の車のところに行きましたら、もう立っていられなくて座り込んでしまったんです。その頃、寒くて寒くて雪が降っていましたでしょう。娘も別なお店に行っていましたから、なかなか出てこなかったんですね。本当に酔っちゃうぐらいの、船に乗っているような揺れでしたからもう心配でした。

それでもう鳴子のほうが心配なので、仙台に行くのはやめて急いで帰ってきたんですけれども、余震がものすごくて。もうしゃべれなくて言葉が震えて、足がガタガタ震えて、でも娘は気丈に車を運転して帰ってきたんです。あの後、ガソリンスタンドも閉まっていってしまったのですが、その時はガソリンのことなんか何も頭になくて、大急ぎで鳴子に帰りました。すごいことになっているのではないかと思って、もう覚悟していたんですね。でも鳴子は全然何ともなかったんです。

それは鳴子は岩盤が固いんです。本当に奇跡の土地と言っていました。普通のところよりも揺れが少ないんですね。ですから中に入っても食器一つ割れていませんでした。古い建物だったものですから、外の外壁が落ちたり、そういうことはあったんですけれども、中は大丈夫で本当によかったと思います。でも本当に怖かったですね。

ちょっと余計な話なんですけれども、息子は息子で日帰りで帰ってきたものですから、ちょうど八戸あたりのトンネルに新幹線が入ってそこでストップしていたそうです。ですから真っ暗になって一昼夜ぐらいいたんでしょうかね。でも食べ物はいっぱい新幹線にあったので困らなかったそうです。あと電話も公衆電話があったので、何とかつながったんですね。でも何日か過ごした後に降ろされたそうです。それからどこかの学校の体育館で一晩過ごして、あとはバスで東京のほうに帰っていったようなんですね。それでもう安心しまして。

主人とも待ち合わせをしていたのですが、主人は知り合いの方に乗せられて仙台から帰ってきたんです。みんなで、てんでんばらばらに帰ってきたんですけれども、本当にその後の余震もすごく怖くて。私たちはそんなことは思わなかったんですけれども、辺りの方は将来どうなっちゃうのかと思って、すぐ従業員を解雇したところもあったと聞きました。私どもはそこまで考えませんでしたね。むしろ「解雇したりはしないから」と伝えました。

地震から数日後まで停電しましたし、水道のほうも断水しましたけれども、間もなく復旧して大丈夫だったんですね。お店も徐々に開くようになりましたが、しばらくは閉まっていました。それで従業員さんたちは買い物ができませんから、ストックしていた食料をみんなに分配して少しずつ食べました。

それで温泉と水、電気も大丈夫でしたが、食料はないし、旅館もどうなっちゃうのかと思いました。徐々に考えていったんですけれども、だんだん落ち着いてきた時に、このまま閉めてしまうのもあれですから、お料理は簡単でいいからお客様を少しおとりできるんじゃないかと思いました。それで朝食付き夕食抜きで少しずつおとりするようになったんです。そうしたら徐々にお客様が増えていきました。あとは復興支援隊の方がどんどん入ってきました。

その後、四月でしたか、南三陸の方たち二十八人を四ヶ月間、避難所として泊めてさし上げました。一泊三食だったんですけれども、そのお料理がとても大変でした。皆さん海の方たちで裕福な方たちだと思うんです。それでお粗末なものは出せないんですよね。なかなか材料もなくて苦労したんですけれども、四ヶ月、喜んで帰っていただきました。いまだにうちの番頭さんとも交流がありまして、遊びに行ったりしています。ワカメとかとれますと届けにきてくださったり、今はもう皆さん落ち着いているようです。仮設住宅にまだいらっしゃる方もいますけれども、お家を建てた方もいらっしゃいます。

受け入れた方々の中にお子様も二人ぐらいいたんですけれども、鳴子の小学校に転校しました。あと高校生の方、中学生の方がそれぞれいました。最後にとても喜んでもらえたんですけれどもね。本当に二度と経験できない体験でした。

避難されて来た方々からいろいろ津波のお話を聞かされましたけれども、本当にもう聞いていられなかったですね。一人の方は夜になると熱が上がったり「津波を思い出して眠れない」とおっしゃっていました。ですから睡眠薬を飲んで寝ていたようです。でも一、二ヶ月経ったころには温泉に入って温まって、ちゃんと眠れるようになったようです。温泉の効能はすごいなと思います。

司　会　南三陸の方々を受け入れたとき、料理が大変だったというお話がありましたけれども、やはり被災されて避難してくる方に、いつものお客様のようにいつもどおりのおもてなしで接するわけにもいかない中で、苦労したこと、気をつけたことがあったらお話をお聞かせいただけますか?

遊佐女将　そうですね。やはり四ヶ月もいるものですから、お料理はやはり飽きると思いますよね。だから調理場がとても苦労したようで、うちの板前さんが考えていろいろつくってくれました。お子様に「今度何が食べたい？」って聞くようにしたんです。そうしたら、調理場に「チーズハンバーグが食べたい」って言いにきたそうです。つくってあげたら本当に喜んで食べたそうです。お昼は旅館だけでは大変でした。目先を変えてあげないと飽きてしまうので、近くの食堂からお弁当やおそばをとってみたり、いろいろ工夫をいたしました。

司　会　ゆさやさんでは建物とか温泉とか、それらの被害は大丈夫だったんですか？

遊佐女将　ええ。温泉も無事でした。ただ何ヶ月かしましたらやはり地下でずれていたのか、ちょっと出が悪くなった時があります。余震もあってだんだん地下でずれが始まっていったんだと思います。あとお部屋がちょっと斜めになったりはしたんですけれども。

司　会　こういった震災があって、復興支援の方を受け入れたり被災者の方を受け入れたりする中で、旅館業というのはいつものお客様を受け入れてリラックスしてもらうだけじゃなくて、何か違う役割もあるんじゃないかというふうに感じました。その辺については女将さんはどう感じますか？

遊佐女将　そうですね。やはり人助けのお手伝いができたなと思います。今回は人助けって大事だなということを感じました。

旅館経営への想い

司　会　女将さんは向ヶ丘遊園生まれでしたが、ご主人が旅館の跡を継ぐという事情で鳴子に来ることになったとのことでした。旅館業を継ぐという時の心情や、やり始めた時の思いをお聞かせいただけますか?

遊佐女将　やり始めた頃ですか。そうですね。本当に全然旅館のことなんてわからないで入ったんですけれども、すごく旅館がガタが来ていた時に入ってきたものですから、いい時に来るよりも下から築き上げていくほうがいいんじゃないかと思いました。二人で頑張って。そのほうが絶対、絆というか、そういうものができると思います。いいところに来てつぶしてしまったのでは何もなりませんよね。ですから二人でよくしていこうということをすごく思いましたね。

司　会　「女将」という言葉が嫌いということで、遊佐女将が考える理想の女将像というのは「女将らしくない女将」だということだったんですけれども、もう少しお聞かせいただけるとうれしいです。

遊佐女将　今の時代は女将って表に出ていきますよね。表に出ていくのはもう何て言うんでしょうかね。女将というのはやはり裏方をやっていればいいと思います。たまにお客様や知り合いの方がいらした時にはちょっとご挨拶はしなくちゃいけませんでしょうけれども、やはり旅館というのは裏方がないと成り立っていかないと思います。準備ができていないところにお客様をお入れすることはできませんよね。ですから目配り、気配り、一番大事なのは感性です。どのお仕事でもそうでしょうけれども、EQ、つまり感性がないとやっていけないと思いますね。私もだんだんなくなってきているんですけれども、研ぎ澄ましていかなくちゃいけないと思っています。

感性を鍛えるには、やはりいい絵を見たり、音楽を聞いたり、おいしいものを食べたり、ウィンドーショッピングも大事ですよね。私は若い頃、会社の帰りとか、銀座、新宿、渋谷、横浜などいろいろとウィンドーショッピングはよくしました。若い頃ですのであまり高いものは買えませんでしたけれども、あれがいい、これがいいと。結婚する相手を決めるのもそうだと思いますよ。いろんな方を見てお決めになっていいと思います。みんなつながると思います。

私たち旅館って時間に追われてものすごく忙しいんですね。外に出ない限り休めないんです。主人がちょっと別な仕事をしていて忙しいものですから、休む時はもう海外に行くしかないんですね。去年、一昨年、今年も行っていないんですけれども、やはり私たちもそういう休みをもらって海外に行って刺激を受けてこないとだめですね。そこからまた取り入れて、旅館の中に入れていくという感じですね。

ですから学生の皆さんは若いですから、いろんなところで刺激を受けるといいと思いますよ。感性を研ぎ澄ませていってください。

司会　ゆさやさんではサービスのマニュアルは一切ないということでしたが、マニュアルがない中で従業員の方に対する教育はどのようにされているんでしょうか？

遊佐女将　そうですね。教育は働いている方に何か一回言っても一週間で忘れてしまいます。ですから今はインターネットで口コミがありますが、あれがすごくいいんですよね。それをもとに、もしクレームが出ていたらその都度みんなで話し合って直していく。いいところがあったら皆さんを褒めてあげて、どんどん伸ばしていくということですね。お陰様で私どもは結構リピーターのお客様が多いんですね。ですからもっともっとリピーターさんを増やしていかなくてはと思っております。

従業員さんたちも、今は多い時でも十一人ぐらいと人数は少ないです。たくさんいませんから、やりやすいことはやりやすいですね。ですから本当に目の届く範囲内で家族的におもてなしができるんですね。

司　会　ありがとうございます。今年の夏にゆさや旅館を訪問させていただいたのですが、とてもすてきな露天風呂があり、時間帯により交替で貸し切り状態で入れるということでした。

遊佐女将　今度ぜひお出かけくださいませ。もし通ったらお寄りください。お茶でも差し上げますから。

独自の取り組み

教員Ａ　鳴子は旅館組合がたしかおありですね。それは何軒ぐらいですか？

遊佐女将　今は大分減りましたので、二十軒くらいだと思います。

教員A　そこで今、鳴子の温泉郷としての魅力をつくるための取り組みをおやりになっているのですが、ちょっとご紹介いただければと思います。

遊佐女将　取り組みは、何年か前に女将さんたちで下駄タップというのを習ったんですね。タップといっても本当のタップダンスではないんですけれども、お祭りとかいろいろなところで下駄をはいてタップで鳴らしながら踊ることもできます。

あとボランティアさんの会を立ち上げまして、町の皆さんに入っていただいて、無料でご案内をしています。その日は駅に集まって町なかをボランティアしていただいています。

あと今「みのり号」という列車が走っているんですね。仙台─鳴子直通ですが、山形の新庄まで行きます。そのお迎えとお見送りをしています。あと女将さんたちがたまに乗って鳴子のご案内や宣伝をします。

あと去年でしたかしら、ストーブ列車というSLが走りました。ストーブが焚いてあって、女将さんたちはそこでお餅を焼いて乗っている方に配ったりしました。いろいろそういうことがあれば皆さんで協力し合ってやっています。

教員A　下駄タップというのはいつ見られるんですか？

遊佐女将　そうですね。冬はちょっとだめですからお祭りとかですね。下駄を履いていただいてカラコロと町を歩いていただくと。

教員A　もう一つは大変歴史ある温泉郷だということで、その歴史をどう生かすのかということについても興味があります。ゆさやさん独自に何かお考えになっているのでしょうか？

遊佐女将　今年でもう三百八十年目ぐらいになるので、三百八十年祭をやろうかどうか、今考え中ですね。内容は主人がいろいろ考えているところです。

教員A　もしそういうことをやれると、またゆさやさんのアピールというか、特色を出すことにもつながることになりそうですね。ありがとうございます。

時代の変化への対応

教員B　貴重なお話をありがとうございました。ゆさやさんは収容人数五十名、従業員も十名前後で家族的な経営を行っているということでした。そのような中で、ゆさやさんが拡張路線を取らずにずっと家族的な経営を維持してこられた理由をまずお伺いさせてください。

遊佐女将　建物を変えなかったということについては、ガタが来ていたと言いましたけれども、両親も年老いていましたし本当は計画があったんだそうです。ちゃんとその図面も残っています。ですが、多分それを建てていたらつぶれていたと思いますね。

ですから災い転じて福となりでね。今の古い建物が今また評価されていますので、逆にそれで助かったんだと思います。きっと大きくできなかったんですよ。できていたらもうだめだったかもしれませんね。今は外人の方もそういう古い日本的な建物を好んできてい

けやきの天井

ますから、建てかえられなかったんだと思います。それが今は逆にいい方向に行っています。

教員B　結果的によかったということですね。私も夏にお伺いさせていただいて、趣のある旅館ですごく懐かしい感じがしました。

遊佐女将　ありがとうございます。そうですね、皆さんから「田舎に帰ってきたようです」とか「ほっとします」とおっしゃっていただけますね。

教員B　先ほどバブル崩壊の後に旅館業は一般的に三十パーセントほどお客さんが減ったとおっしゃっていました。その時、人数が減るとともに、団体のお客さんから二～三人、あるいは家族利用の個人に大きくシフトしていったとよく言われているんですけれども、ゆさやさんの場合には何か影響を受けたということがないか、お聞かせください。

遊佐女将　やはり私が来たころは団体の方が多かったですね。六十名ぐらい広間にいました。お料理も今みたいに凝っていなくて、簡単なお料理でしたけれども盛り付けも手伝いました。会社の旅行とか慰安旅行とか、今はもう全然ないですね。やはりだんだん個人客になってきています。あとグループの方や、二、三人で来る方とか。

昔は男性社会で男性の方の旅行者が多かったですね。それで今もお風呂場は男性のほうが大きく、女性のほうが小さいんですが、それがもう表れですよね。今は女性客がとても多くなりました。ですから今は公平にするように交替制にしています。大きいお風呂と小さいお風呂と時間で交替して入っていただいています。

宣伝広告

教員C　ゆさやさんの場合だと、パンフレットに英語で書かれているなど外国人のお客様も受け入れている印象を持つんですけれども、そういった方々に旅館のよさをどういう媒体を使ってどのような形で宣伝、広告をしているのかということについて教えてください。

遊佐女将　うちは宣伝、特に広告費にはあまりお金をかけていないんですね。今インターネットがありますから、それを見ていただいています。あとは口コミですね。外人の方もやはりインターネットでご覧になっているみたいです。

それと旅の本がありますね。今いろんな本にすごく載せていただけているんです。宣伝費は出していないんですけれども、無料で掲載してくださるものですから、それがいい宣伝になっていると思います。

教員C　外国の雑誌にも取り上げられたりということはありましたか？

遊佐女将　一回ありました。ＪＡＬの「翼の王国」という機内の雑誌にも載ったことがありますね。

リピーター作り

教員D　今日はありがとうございました。先ほど個人客が増えたとおっしゃっていましたが、そうするといろいろな要望を持った、いろいろな種類のお客様が来ると思うんですね。そういったお客様に対応していく時、どうしてもここまでは対応できるけれども、ここからは対応できないとか、そういった難しさが出てくるのではないかと思います。そのような時に何か気を付けていること、苦労されていることがあったら教えてください。

遊佐女将　こういうところを選んで来てくださるお客様はクレームが出ないんですけれども、ホテルとかを想像してよく調べないでいらっしゃる方は、やはりクレームが出たりしますね。ですから年齢や、お入りになる時間帯に気を付けています。お腹が空いてお着きになると、やはり皆さん機嫌の悪い方が多いので、そういう時はよく気を付けます。あとこの方たちは何で今日来ていらっしゃるのかと思ったら、還暦祝いとか誕生日祝いとかであったりしますので、そういう方たちにはやはり何かちょっとプレゼントを差し上げたりしています。年齢層というのはあまりお聞きしていないんですけれども、大体お入りになってきた時に考えます。クレームもたまにありますけれどもね。その場で言っていただければいいんですけれども、今の方たちって後からインターネットに載せたりするんですよね。昔と違いますよね。すぐに言ってくださると対応できるんですけれども、帰ってからではちょっと対応できないので、大変なところもあります。

司　会　リピーターになるお客様も結構いらっしゃるとおっしゃっていました。やはりリピーターの方には特別なサービスを提供されているのでしょうか？　また、どういったタイプのお客様がゆさやのリピーターになるのでしょうか？　もし把握されておりましたら教えてください。

遊佐女将　そうですね。年代層は様々な方がいらっしゃいますね。リピーターの方には、やはり前にいらっしゃったのはいつだったかをチェックして、同じお料理は出さないようにしています。嫌いな物ももうわかってきています。納豆とかお刺身はだめというのをちゃんと書いておきまして、そういうものを出さないように注意しています。あと朝はちょっとコーヒーを差し上げたりしていますけれども。

司　会　その納豆が嫌いというのも、お食事で残されたりしたのをチェックされるのですか？

遊佐女将　そうですね。そういったものは全部書いておきます。あと接待さんたちがだんだんリピーターの方と親しくなりますよね。そうすると何が嫌いなんだとかと言われた時に、すぐ報告があってそれは抜くようにしています。

癒やされる露天風呂

司　会　では学生の皆さんからも質問を受け付けたいと思います。いかがでしょうか。

学生A　おもてなしのこだわりということで、いつの時代もお客様は癒しとか安らぎ、和みを求めているということでしたが、今の時代は具体的にどのような癒しを求めているお客様が多いですか？

遊佐女将　やはりストレスが今の時代は多いですよね。情報が豊富過ぎて、忙しいというか、今は何でもかんでもスピードスピードで、時間に追われている方。ですからやはり露天風呂なんかに行かれてとっても解放された感じで喜んでおられますね。

司　会　夏にお伺いした時に露天風呂が少し離れた森の中にありました。森の中を抜けていくと、そこに露天風呂があって、そこで鳴子の景色、きれいな森を眺めながら露天風呂に入る、そういった形になっていました。これは完全貸し切りだということでした。そこはすごく特徴的でおもしろいなと思いますが、露天風呂のことを少し詳しくお話いただけますか？

遊佐女将　露天風呂は旅館から少し離れたところにあります。大体歩いて行くと百六十五歩と言っていますけれども、二分ぐらいです。歩いて坂道を行く形です。

この露天風呂のところには昔はおじいちゃんの弓道場があったんですね。おじいちゃんが亡くなったときに、そこで何かしたいなと常々みんなで考えていたんですが、ちょうど森の中にあって見晴らしがとてもいいので露天風呂をつくりました。

上っていく途中に蔵があるんですけれども、それも国の有形文化財に登録されていま す。昔、火事があって家系図も全部焼けてしまいましたので、その蔵には古くとも百五十年ぐらいまでのものしか入っていません。その蔵のそばを通って露天風呂があります。

その露天風呂は四季折々、きれいなんですけれども、四月の中旬ごろでしょうか。新芽が萌え始めるころはとてもきれいです。夏ももちろんグリーングリーンしてうるさいぐらいきれいです。また秋は紅葉も眺められますし、冬は皆さん雪の中をかき分けて入るんです。四季折々入れて風景も違いますので、四季を通じて入っていただくととてもよくわかると思います。

「何か動物は出ないんですか」と聞かれるんですけれども、ヘビは滅多にいませんし、ヘビが上れないような造りになっています。キツネは来たそうで、入浴中にキツネに見られたというお客様もいました。

震災前後のサービスの違い

学生B 震災を受けて旅館内の建物自体はそこまで大きな被害はなかったとのことでした。震災を受ける前と後でサービスや設備など、何か変わったこと、変えたことはありますか?

遊佐女将 サービスは特に変えていないんですけれども、やはり設備は悪いところは直しましたね。外壁が落ちているところを直したり、屋根も直しました。あと特にはありません。

司　会　ちなみに復興支援の方々も宿泊されたということでしたが、復興支援の方々に対するサービスというのも、通常どおりのサービスだったのでしょうか？

遊佐女将　いえ、仕事でいらっしゃるので料金は下げてお取りしました。

司　会　そうするとその分、食事もいつもとは変えて出されていたのですか？

遊佐女将　その方たちがいらっしゃっている頃はもう食料も豊富に出てきましたから、普通どおりにお出ししたと思います。

司　会　そうですか。やはり支援に来てくださっている方々ですから通常料金じゃなくて料金を安くということですね。

残していきたいもの、変えていきたいもの

学生C　これからの展望なんですけれども、ゆさやさんでは温泉においてこれから残していきたいもの、それから逆に変えていきたいものがあれば教えてください。

遊佐女将　残していきたいものは、やはりあの建物は建てかえられないんですね。消防法で。建てかえるとしたら、もう鉄筋で建てなくてはいけなくなります。ですからどうにかしてあの木造の建物は残したいと思っています。十五代目の遊佐勘左衛門さんが、本当に木をふんだんに使って建てさせたそうなんですね。当時は皆さん見学にいらしたそうです。大広間の天井なんかけやきの格天井《ごうてんじょう》で一枚板なんだそうです。そちらも今は手に入り

ませんし、ぜひ建物はいろいろ直しながら維持していきたいと思っています。
　変えていきたいところはいっぱいありますけれども、まず昭和初期の建物ですから客室にお手洗いが付いていなかったんです。でも何年か前にいろいろ考えて、広いお部屋二ヶ所だけ、お手洗いを付けたんですね。今の時代にお手洗いがないというのはもう普通のことではないんですけれども、どうにもならないんですよね。今後の課題としては、小さいお部屋二つを一つにしてお手洗いをつけるとか、今、考え中です。やはり今のニーズに合った洗面所とか、いろいろ徐々には変えていっています。

感性を磨くこと

学生D　先ほどお話の中で旅館業で大切なこと、重要なことは感性だというお話だったんですけれども、実際に働いていてどのような場面でそのような感性が大切だなということを感じたのでしょうか？　実際に感性を磨くことで、働いていてよかったなと思う場面ですとか、そのような場面がありましたら教えていただきたいと思います。

遊佐女将　まだまだ感性が足りないんですけれども、やはり接客業ですから、何と言うんですか読み取るというんですかね。お客様が何を求めているか、今何か不満があるんじゃないかとか、やはりその察知力でしょうかね。
　接客するスタッフの人もやはりいろいろな性格の方がいます。今の従業員には恵まれているんですけれども、やはり気が利かないというんですかね。感性というのは本当に人に言われて身につくことではないので自分で感じ取ることですよね。

司　会　女将さんのお答えからは相手の気持ちを察することができるかどうかが感性だということでした。まさにそれがおもてなしなんだと思います。これは皆さんが将来、接客業に就くにせよ、そうでないにせよ、従業員、お客様、そしてさまざまな方々と一緒に仕事をしていく時に、相手の心を読んでその立場に立った仕事をするために、つまりおもてなしの心を持って仕事をするために感性が磨かれていないといけないんだというご指摘だったと思います。

学生E　ありがとうございます。女将さんが人を見る時というか、読み取る時に一番最初にその人の第一印象をイメージする部分はどこか、どこを見てその人を読み取るか教えてください。

遊佐女将　判断というと失礼になるんですけれども、やはり勘というか、全体を見ます。外れる時もあるんですけれどもね。

でも電話で予約をとりますよね。今はインターネットが多いんですけれども。声と顔を想像するんですね。ぴったり合うことはなかなかないです。だからまだ磨かれていないのかなと思いますけれどもね。

でもね、楽しいんですよ。電話で予約を取る時にお声でお話しますでしょう。結構長くお話するので、こういう方かな、ああいう方かなと想像するんですよね。それでいらっしゃった時に「あ、ぴったりだ」と思った時はうれしいんですけれども、なかなかそうもいきません。あと初対面でお会いした時は、やはりどういう方かというのは第一印象でわかるんですよね。

学生E　おもてなしで女将さんが大切にしていることがあれば教えてください。

遊佐女将　お風呂上りとか、お食事の後とか、お会いした時にいちいち「いかがでしたか」って一声かけることですね。それが大事です。露天風呂からお帰りになったら、「温度はいかがでしたか」とお声がけすると、「とっても気持ちよかったです」とか。「温度もちょうどよかったです」とか言ってくださると、「あ、喜んでいただいているな」と思いますよね。あとお帰りの際に「ごゆっくりしていただけましたか」ってお声をかけるんですが、その時の反応でわかるんですね。それでもう本当に喜んでくださっていることがわかると本当にうれしく思います。

気に入らない方も中にはきっといらっしゃるんですよね。そういう方はちゃんとわかりますから声をかけているんです。やはりいろいろな方がいらっしゃるので、全部が全部ゆさやを気に入っていただくわけにはいかないんですね。

ですから難しいところですが、やはりにこにこして「また来ます」と声をかけていただくと本当にうれしいです。みんなで手を振ってお見送りするんです。あちらの方も車の中から手を振ってくださるんですね。そうするとすごくうれしく感じます。

司　会　そういった感性という面では、第一印象と勘、これが重要になってくる。そして、満足してもらったお客様に「また来ますね」と言ってもらえる。これが最大のいいことなんだということですね。

外国人客の接客

学生F　外国人のお客様を受け入れているということですけれども、料理などの変更をしていたら教えてください。あと外国人のお客様を接客して困ったとかびっくりしたとか、感じたことがあれば教えていただきたいです。

遊佐女将　アメリカ、イギリス、フランスなど、いろいろな方がいらっしゃるんですけれども、皆さん、やはり日本が好きでいらっしゃるんですね。ですから結構お食事は召し上がるんです。ただ納豆とかはきっと大変ですよね。そういう時は抜いています。どうしてもパンが召し上がりたい方には、朝、パンをお出ししますけれども、皆さんご飯を召し上がる方が多いです。

一度、韓国の方が来て天ぷらが日本食だと思っているんですね。でも天ぷらってうちでは滞在さんとか、そういう方には二日目に出したりするんですけれども、通常出さないいんですね。そうすると「天ぷらが食べられなかった」って不満の声が聞こえましたけれども。でもだいたい外国の方は日本のことを知りたくていらっしゃるので、日本食も皆さん大好きみたいですね。ですからあまり困ったことはないですね。

司　会　今、外国人の関係が出たのでお伺いしたいんですけれども、福島原発の風評被害がよく言われるんですけれども、震災以降は外国人のお客様は大幅に減ってしまったんでしょうか？

遊佐女将　大幅というより、ぴたっと来なくなった時期がありますよね。でもだんだん戻ってきています。ちょっとずつですが。うちの場合は本当にたくさん来るわけではないので、お二人とか三人とかですけれどもね。あとお一人の方もいますしね。

司　会　一般の宿泊客の方々も風評被害とかで減ったということはなかったんでしょうか？

遊佐女将　やはり減ることは減ったんですが、戻ってきていますね。三月十一日、その当日に予約があったお客様は、電話も通じなくて全然来れませんでしたよね。その後も何日か全然連絡が取れずにいたんですが、その方が最近になってお泊まりに来てくださったんですよ。ですからちゃんと戻ってきているんだなと思いますね。

お客様の声を受けて

学生G　本日は貴重なお話ありがとうございます。以前ほかの女将さんから「お客様とのコミュニケーションによりトイレの設備を改善した」というお話がありました。ゆさやさんでは、お客様とのコミュニケーションにより変えていったところがあれば教えていただければうれしいです。

遊佐女将　お客様に言われて直したところですか。そうですね。私たちも毎日マンネリ化して気付かなくなるんですよね。でもお客様を一回ご案内した後に、壁が切れているところがあったんです。マンネリ化して気付かず、直していなかったんですが、そこをお客様が触っていたので、はっと思いました。それで気が付いて直しました。

やはりうちは古いので、言われてはっと気付くところが何ヶ所もあるんですね。徐々に直していくようにしています。

司　会　ありがとうございました。今日は遊佐静子女将にご講演いただきました。最後に拍手をもってお礼をしたいと思います。今日はありがとうございました。

遊佐女将　ありがとうございました。

最後に、どこの仕事もそうなんでしょうけれども、自分の働いている場所を楽しくしなくてはお客様もきっと楽しめないと思うんですよね。だから自分たちが楽しまないといけないと思います。それも大事だなと思って、今、付け加えました。どうもありがとうございました。

（講義日：二〇一二年一一月二二日　編集：松岡孝介）

第4章

漁師民宿から旅館へ 震災を乗りこえた絆の経営

高橋　あや子

旅館情報

ニュー泊崎荘

■所在地：宮城県本吉郡南三陸町歌津字番所34番地
■連絡先：0226（36）3315
■創業年：1979年（昭和54年）
■客室数：43室
■http://www.tomarizakisou.co.jp/

女将の歩み

今日、東北学院大学に到着した瞬間に思いました。こんなに大きい素晴らしい学校で、皆さんが勉強していること本当に親に感謝ですね、とすごく感じました。

それでは私の歩みからお話させていただきます。うちの旅館は漁師民宿から始まりました。私の両親が初代で、父が五十歳のとき昭和五十四年二月に開業し、私たちが二代目です。今年（二〇一三年）で三十五年になります。父はもともとは水産会社を経営しておりましたが、それを甥に任せ、四十畳の宴会場一つ、客室九畳間四つの小さな民宿を始めました。両親は海が大好きでホタテ、ホヤ、カキ、ワカメ、ノリと何でも挑戦し、養殖も盛んにしておりました。アワビ、ウニの解禁になりますと誰よりも多く収穫する本当に頑張り屋の両親で漁の名人でもありました。

南三陸町は海の宝庫と言われ、ヒジキ、マツモ、何でもとれます。父の民宿は磯料理が評判を呼び開業より大変賑わっておりました。私はこのように頑張っている両親の背中をいつも見ておりました。

私の両親は父の兄夫婦、つまり私の叔父と叔母の夫婦の子供四人と、私の兄弟四人の合計八人を立派に育て上げました。叔父と叔母の夫婦は中学生の長男を頭に小学生二人、幼児一人がいましたが病のために叔父は三十八歳の若さで亡くなり、叔母も四十二歳で亡くなりました。その子供たち、つまり私の従兄弟たちは私の両親に託されました。私の両親は立派に育てようと二人で力を合わせて頑張っていました。あるとき私の妹が言いました。同じ年の子供がいるのに「お母さん、どうして私だけ怒るの」と聞いていました。母は「怒られてもあんたは親がいるでしょう。キヨミは両親がいないんだよ」と言い聞かせていました。母はとても気遣いのできる人でした。

子供たちも大きくなり一緒に水産会社をやっていた長男の従兄が、自分にも水産会社をつくってほしいと相談されたそうです。父は水産会社を二人で別々にやってもと思い、そちらは従兄に任せ、自分たちは第二の人生をと民宿を始める決断をしました。

そのとき私は手職を身につけたいと仙台で理美容学校を卒業し、仙台で理容の道を歩いておりました。私が手職を身につけたいと思ったのは、小さい頃から股関節脱臼で足が悪かったからです。手職さえあれば一人でも生きていけると思いました。私と一緒になってくれる人がいなくても、結婚できなくても手職さえあればと思い、一生懸命理容の道を歩いておりました。でも私は足が悪いことで母を恨んだことはありません。ひたむきな母にいつも感謝しております。

今の主人とは両替が縁で一緒になりました。私が勤めていた理容所と主人の勤めていた七十七銀行が近かったのです。私は理容所の先生にいつも両替を頼まれていました。五千円だったら両替機使えるのにと思いながら、いつも持たされるのは三千円でした。そうすると窓口にお願いしなければなりません。その窓口に座っていたのが今の主人です。あの頃はロス・プリモスさんで……今の若い人たちはわかりませんよね。私たちの年代の人です。三条正人さん風の髪形でスカッとした人でした。私の気に入っていたのはネクタイでした。いつもネクタイの柄を見て、「わっ、私の好みのネクタイだ」と思って見ておりました（笑）。本当にネクタイが似合う素敵な人でした。

私は女ばかりの姉妹の一番上です。私たちが結婚する時はまだ民宿を始めておりませんでした。主人は婿になってほしいと両親にお願いされ、養子縁組をし二人でずっと転勤してあるいていました。結婚して三年目ぐらいに民宿が始まり、また民宿ブームに乗りとても忙しく、忙しいからやめてきてくれないかと相談され、すぐ「はい」とは言えずにおりましたが、そうしているうちに父に心臓の持病が出てしまい、二人で継ぐことを決意し家業に入りました。昭和五十五年七月のことでした。

大変なこともたびたびありました。主人の名前は昭夫といいますが、父は漁師なので朝早く起き「さあ、ウニの開口だから海に行くぞ、昭夫、起きろ」と起こされるんですね。主人は四時頃起きて海に行きます。最初は船に乗る楽しみもあり張り切って行きましたが、船にあまり乗ったことのない主人は具合が悪くなり吐いて吐いて、吐くものがなくなり黄色の水を吐き、辛そうにしていると、吐いても死んだ人はいないと言われ父の冷酷さを思ったそうです。でも今、振り返れば自分に厳しさを教えていたんだなと父に感謝していると言います。おかげで主人はアワビもウニもとれる人になりました。本当に銀行にいた時はペン一本だったんですけれども、漁師の厳しさを教わり、一緒に海に行った主人を私は褒めてあげたいと思いました。

私は小さい頃から足が悪かったことがコンプレックスでした。宴会のお客様にご挨拶に行きますと「あら女将さん、足が悪いんじゃない」みたいなことが聞こえてくるようで挨拶に行くのがとても億劫でした。私も五体満足だったらどんなによかったかと思いました。あるとき気仙沼で松下政経塾の先生の講演がありました。松下電器初代松下幸之助さんは身体障害者で自由に自分が動けないから人を使うことができたという先生の講演を聞いて私も思いました。「そうか、何でもプラス志向に考え、前向きに生きていけば自分の道も開ける」と。「私よりひどい人もいる、短くても一人で歩けるじゃないか」と自分に言い聞かせました。商売は人に感動を与えることです。ここまで来た甲斐がありましたと言われるようになるには何をしたらいいのだろうかと考えました。もちろん、料理はおいしくなければいけません。そして施設はホテルのように立派ではないのだから、真心でいこうと考えました。笑顔の大切さ、おもてなしの心の大切さなどを心がけてまいりました。

それで泊崎荘に宿泊した旅の一ページになればと、一人一人が心を合わせ歓迎ショーをすることにしました。社員の歌に合わせ父は太鼓を叩いて親父の海を踊ったり、母も踊り、私も歌いました。踊りを踊ったことのない主人も、父の踊りを継いで踊りを習い、北島三郎さんの川を踊りました。お客さんからは「また社長さんの踊り見たいね」と、本当に感動を与える踊りをしておりました。

そして六年後の五十九年に六部屋を増築しました。それから十二年後の平成元年五月に新館に百畳の宴会場と客室十室をオープンいたしました。平成元年二月頃から体調をくずして

ニュー泊崎荘外観

入院していた父も「立派に建ったな」と見て、その年の十月に亡くなりました。頑張り過ぎた太い短い人生だったのですが、全力で私たち、二親の子供を守り、そして漁師民宿の土台をつくり私たちに託していきました。六十一歳でした。母は今八十二歳、健在で一緒に頑張っております。

父も亡くなり海にも行くことができなくなったので、地域の皆さんにホタテ、ホヤ、カキ、ワカメなどお世話になって地域の中で生きていこうと決めました。出会う人は皆先生と思い、聞く耳を持つ。会社づくりは人づくりからと、礼儀作法から始める。組織をつくるために、チームワークの大切さや、何のために旅館があるのかなどを話し合う。人に始まり人に終わる。「料理がおいしいのは当たり前、人間がおいしくなければ（なら）ないんだよ」と、懸命に経営の勉強を社員とともにしました。中小企業の講演会や倫理法人会の講演会などの勉強に出かけ、またビデオで研修も行いました。何もわからな

宴会場

いところから始まりましたが、五年、十年、十五年と目標を立て、会社の夢、経営者の夢、目指す方向を社員に話し、一丸となって取り組んでいく大切さを話しました。

五年後の平成六年には、また百畳の宴会場とバス、トイレ付き十室を新築しました。その一年後には岩風呂と社員寮をつくりました。平成二十年には最初に建てた民宿を改修して新しいフロント、売店と客室五室、宴会場四十畳を一つ新築し、目標を達成することができました。そして震災後には海の見える裏山を整地し、ビジネス棟を十三室新築し、今は五十室、百四十名収容の旅館になりました。

女将の心

意識、行動が変わると人間は変わります。厳しくても夢に向かって進んで行くこと、辛いこと、苦しいことがあるからこそ幸せがあるのです。常に目標に辿り着くため努力し、目標に辿り着いたらまた目標を立て、自分をどんどん磨き上げていくことが大切だと思います。

ゴキブリに生まれたらバシッと叩かれてすぐ死んでしまいます。人間だからこそ、悩み、苦しみ、そして幸せがあるのではないでしょうか。心の温かい冷たいビールを飲むのか、心の冷たい温かいビールを飲むのか。努力した人は報われます。そして自分のために一生懸命勉強し、悪いときは悪いと言える人になってください。

人間って何でしょう？　私は人柄、熱意、そしてもう一つあると思います。三つ目は何だと思いますか？　努力もそうです。夢もそうですね。人とのかかわりもそうです。本当に皆様がおっしゃったとおりです。でも私は使命感だと思います。人柄、熱意、使命感。使命感がなくなったらどうでしょう？　いい加減な仕事になり、自由に休んだりして、会社は大変になります。立場は人を変え、地位は人をつくると言います。大切なことは凡事徹底することです。これは平凡なこと、当たり前のことをいかに徹底してやれるか、つまりやり抜く心です。

そして、私が思っている五つの大切なことがあります。一つ目はハイという素直な返事ができる素直な人。二つ目、笑顔で挨拶できる人。挨拶プラス笑顔です。三つ目、感謝の心、ありがとうと言える人。なかなか思っても言えない言葉です。四つ目、申し訳ございませんでしたと反省の心を持つ人。そして最後は何だと思いますか？　私が思っている五つ目、何でしょう？　学ぶ姿勢、そうですね、学ぶ姿勢もあります。頑張ろうと思う心、それもあります。私は履物を揃える心だと思います。本当に当たり前のことなのですが、大切な五つと思います。人生には無駄がない。無駄にするのは自分の気持ちであると私は思います。

お客様へのおもてなしと人づくりが、いつも一番のテーマです。おもてなしとは何でしょう？　私は、「お客様のためにする奉仕の心、そして感謝の気持ちで仕事をする心」であると思います。

そして女将は、心遣い、気遣いを大切にする経営人の一員として、旅館経営、従業員教育、おもてなしや料理の提供など、さまざまな役割があります。日常での人間関係の複雑さ、仕事と家庭の両立の難しさなど幅広く大変ですけれども、生きがいを感じながら歩んでおります。生きるとは働くこと、生きがいとは働きがいのこと。どんなに困難で骨の折れる仕事でも、やり遂げることによって周りの人々から感謝され、苦しみが喜びに変わり、そこにやりがい、生きがい、働きがいを感じ、社会の中、会社の中で成長していくものと思います。

泊崎荘を地域に根差しかけがえのない企業とするためには、揺るぎない財務基盤を築くことが大切と思っています。働く人間の質によって会社の将来が決まるとまで言われています。一人一人が今、何をしなければならないのか、しっかり受けとめ、人間力を磨き行動しなければなりません。心を育てる教育、他人に対する思いやりの心、頭に詰め込む知識ではなく、心に刻み込む知恵の教育を大切に本当に毎日毎日が勉強です。人生どんなことにも意味がある。それを乗り越えることにより意義があるのではないでしょうか。

そして常に自分の知識を追求し、成功戦略、シナリオを明確にしていかなければなりません。人を思う気持ち、そして常に前向きに自分を磨き上げる姿勢が多くの人から信頼を受けていく理由ではないでしょうか。人づくりとは、気づいて感じて考えて実践すること。すべてにおいて今日より明日へ、己が道、昨日の自分を追い越していく。そして美しい笑顔は会社の太陽であると同時に、自分の笑顔でもあります。

いろいろな思いをお話いたしましたが、私の座右の銘は「まあ、いいか」です。「まあ、いいか」は諦めの言葉ではありません。その人に歩み寄る心です。なぜなら失敗の数だけ度胸がつくからです。経営者とは社員に勇気を与え、やる気を起こさせることが大切と思います。サービスの原点、それはお客様の期待を裏切らない。そして、現場が生き生きしていなければなりません。社長と社員がある意味で対等で話し合える風土づくり、こういった風土が企業の活性化にとって大切なことではないでしょうか。

そして人間は張りつめてばかりいては切れてしまいます。ゴムのごとく張ったり緩めたりしながら生きていきます。そして社員の支えがあるからこそ、女将をやっていられることに感謝し、共に育ち、商売は人に感動を与え、ここまで来た甲斐がありましたと言われるように、満足感をお土産に持って帰られるようこれからも頑張っていきたいと思います。

震災の体験

次に震災から復興までお話させていただきたいと思います。

南三陸町は、平成十七年十月に志津川町と歌津町が合併し、人口一万七六六六人の町にな

旅館からみえる海

りました。海と山に囲まれた三陸沿岸の養殖の町です。

平成二十三年三月十一日、忘れもしません。大震災、大津波の日、私はフロントで仕事をしておりました。あまりの大きな地震で社員とともに駐車場へ避難しました。海を見ていたら沖のほうの波が黒くなり不気味さを感じていたら、急に波が立ち壁のように押し寄せてきました。肉眼で見えた高さはものすごかったです。

そうしているうちに「うちのお母さん、来なかった？　水産会社の工場が波ですっぽりかぶったの」と言いながら従業員七、八人が上がってきました。体は震え、怖さと不安の顔でいっぱいでした。そうしているうちに「流された、俺も流された、みんな流されてしまった」と親戚の人たちが集まってきました。もちろん社員も帰ることができず、その日から三十人ぐらいで暮らすことになりました。

その日は怖くて見に行けなかったので、翌朝早く社員と海辺へ下がっていきましたら、見るも悲惨な光景が目に入ってきました。何が起きたんだろう、何でここまでと思うぐらい家も壊れ、流され、道路を塞ぎ、家の土台と瓦礫の山、体が震え声も出ませんでした。どうしようもなくどん底に落とされました。地震とともにすぐ電気が切れ、携帯もつながらず、行政の機能はパンクし、警察、消防、医療機関、そして商店街、水産会社、コンビニ、何一つ残ることなく流されてしまいました。

志津川町は平坦だったので、海の見えない三キロまで津波が到達していました。後になって、南三陸町、死者行方不明者一万人と報道され、通報や報告の連絡もとれない惨事に追い込まれていたことがわかりました。

私の部落は四十五号線に出る三本の道路も寸断され、陸の孤島になってしまいました。泊浜という部落は本当の突端です。あと一キロぐらいで行き止まりで向こうはアメリカという本当に突端でございます。

私の旅館は海抜三十メートルの高台にありましたので津波から免れました。歌津町、私の泊浜部落には海水浴場がありましたので、十一軒の民宿がありました。八軒が流され、三軒しか残っておりません。そして志津川町は十九軒ありましたが、五軒しか残りませんでした。波が一番高く行ったところは戸倉地区で、二十二・五メートルと聞いております。一年後の調査で、亡くなった人は七八六人、ここにいては仕事ができないと離れていった人は一五二八人でした。

あの日「今、私ができることとは」と考え、部落の避難所に百枚の毛布をお届けいたしま

くりちゃんの絆ロール

した。少しでも寒さをしのげればと思いました。また水道も止まり水もなかったので、ミネラルウォーターとジュースを二十箱お届けしました。また私の娘がパテシエで、館内に菓子工房をつくり、旅館でケーキもつくっておりました。在庫の千本のロールケーキを行けるところにある避難所へ、少しでも元気になってほしいという思いを込めて届けました。被災者の方々から、「食べるものがなかったのでケーキ、御飯がわりにごちそうになったよ。本当においしかった、ありがとう」と話されました。また、御飯を炊きおにぎりにして届け、今できることを心を一つにして一生懸命頑張りました。

また、電気が来ましたのが五十日ぶり、四月三十日でした。水道は遅く六月十日でした。飲料水になったのが八月です。電気が来ましたので、第二次避難所として百六十名の被災者を五月三日から八月末まで受け入れ、共に頑張りました。

困ったのが生活水です。毎日、田束山《たつかねさん》の麓に行き三トンの水を積んで一時間半かけ七回往復し、二十一トンの水を確保しました。お風呂も毎日用意したかったのですが、全然足りません。お風呂の人、洗濯の人、一日交代で協力をいただきました。水汲みは社長の主人と息子が担当しました。「自分たちは家が残った分ありがたい、被災者のためなら」と、一生懸命、朝の五時から夜の九時まで水汲みをしました。本当に感謝でした。

高いところに建てていただいた初代にも感謝しました。仏壇に手を合わせ、「じいちゃん、高いところに建てていただいてありがとう。これからどうなっていくのかなと不安もいっぱいあるけれど、残された人には必ず役割があると思うから、じいちゃん、頑張るね」と報告いたしました。

被災者の方もとても協力的でしたが、不安で不安でなりませんでした。その中でお父さんたちは毎日毎日、瓦礫の撤去作業に出かけていきます。途方に暮れる毎日、あるお父さんがこう言いました。「情けなくてしようがない。海はばけものだ」と嘆いていました。またた「あのとき、なぜ逃げろと言えなかったんだろう」と悩み、眠れずにいつもフロントに来ては、自分を責めていた人もいます。その方は母と従業員を失ってしまいました。またここまでは来ないだろうと家にいて家ごと流された人もいます。

私と一緒に育った、父が水産会社を任せた長男の従兄が、その日、志津川で透析をしていました。半分ぐらいした時に大きな地震になり、その先生はとにかく近くの志津川病院の屋上に逃げてくれと患者さんにお願いしたそうです。志津川病院は五階まであります。そうしているうちにヘリコプターが来て日赤病院に連れていかれもう半分透析し、次の日はバスで山形の病院に連れていかれ、三ヶ月、山形で暮らしていたと話しておりました。心配していた従兄が助かりました。とっさの先生の指示、判断が患者の命を救いました。でも志津川病院の三階は寝たきりの人が多く、津波は三階まで来ましたのでベッドごと流されていくのを見たそうです。また遠くからその日にお見舞いに来た人も一緒に流されてしまい、すごく悔やんでいた人もいっぱいいます。また天使の声と言われた遠藤未希さん、自分を顧みず町民のため呼びかけ尊い命を失いました。辛いことだけでいっぱいでした。

でも海のお父さんたちは、時間がたつにつれ「やっぱり海で育った俺たちは、また海にお世話になり生活していかなきゃ（なら）ない」と、ワカメを生産しようと立ち上がりました。その年、十一月にワカメの種を挟んで翌年の二月には荒波に鍛えられた肉厚一級ワカメができました。お父さんたちはとても喜び、復興の一歩が見えたと収穫しました。またホタテ、ホヤ、カキの養殖をする人も、少しではありますが始まっております。「津波で教えてもらったこともたくさんあります」。第二次避難所として被災者を受け入れたとき、こう話されました。

温かい御飯、温かい味噌汁、食べられて幸せ。避難所では狭く、申し訳ないからエビのように寝ていたので、布団に足を伸ばして寝られる幸せ。別々になった家族を思いながら本当に辛い日々だったと思います。震災前は本当に当たり前だったことなのに。

皆さん、お母さんに温かい御飯、温かい味噌汁を用意されて「さあ、遅刻するから早く食べていって」と言ってもらって、いつも当たり前と思っていますよね。本当は当たり前でないんです。親に感謝してくださいね。「遅刻するからいいよ、食べなくても」なんて言う方もいらっしゃると思います。親があればこそ、こうして学校にも通っていられると私は思います。当たり前のことを当たり前に喜ぶ心、感謝の心を改めて教えてもらいました。

復興への支援と絆

家族の絆、これからの希望、そして夢をどう持ち続けていくか、元気づけてくれたのが全国からのボランティアの方々です。「何が足りないですか、何が不足していますか」と、いっぱいの支援物資を持ってきてくださるボランティアの方々。笑顔が見たいからと焚き出しをしてくれるボランティアの方々。全国の皆さんに本当に勇気づけられ、ご支援をいっぱいいただきました。ここにいらっしゃる方も、南三陸町に来てご支援をしていただいた方もあると思います。本当にこの場をお借りいたしまして、ありがとうございますを言いたいです。ありがとうございます。

この温かいご支援を胸に刻み、感謝の心を忘れず頑張っていこうと思いました。復興の第一歩は商店ができたことです。平成二十三年十二月十三日、歌津町伊里前仮設商店が七店舗オープンし、平成二十四年二月二十五日には志津川にさんさん商店街として仮設商店が三十店舗オープンしました。真っ暗なところに灯がついたときは、本当に嬉しかったです。

そして平成二十五年七月二十日、つながりボランティアのご協力で海水浴場がオープンしました。地元の子供たちも南三陸シーモンキーというグループを結成し、作業に五十人くらい加わりました。延べ人数三千人のボランティアの活動があったと言っております。東京から毎週夜行バスに乗って、土日のビーチクリーンに参加してくれた人もいっぱいいます。

つながりの代表は「瓦礫が多く、弱音を吐きたくなり、七月二十日までにオープンができるか不安で不安で」と語っていました。けれども「安全な海水浴場にするように」、「子供たちのために泳げる浜を取り戻して上げたい」と重機で深さ一メートルぐらい掘り起こし、また海中の瓦礫は沖合約八十メートルまで潜水作業で除去し、見事にオープンにこぎ着けました。子供たちは喜んで泳ぎ、いっぱいの人たちが来てくれて賑わいました。宮城県では三つ目の早い復興の海水浴場でした。行政がオープンさせたのではなく、ボランティアの方々の献身的な思いだけでオープンしていただいたことに感銘を受けました。本当に全国の皆さんの純粋な思い、復活させたつながりビーチに心より感謝でした。そしてその苦労を思い出し、オープンセレモニーでは感謝で私も涙でいっぱいでした。

南三陸町はまだまだ復興が遅れております。岸壁の嵩上げ、災害公営住宅、そして防潮堤の問題もあります。震災前にあった私の部落、一キロの砂浜、海水浴場のところに八・七メートルの高さまで防潮堤をつくりますと看板が立ちました。その高さはとても高く、素晴らしい海が見えていたところがまったく隠れる状態です。かえって波の変化も見えず、うわ、海だという感動もなくなりとても残念に思っております。

防潮堤をつくるのなら、早く災害公営住宅を建設し、早く狭い仮設から引っ越しができ、安く入居できることが何よりも被災者が願っていることではないでしょうか。高台に土地のある方は整地し、家を建て引っ越ししましたが、私の部落はほんの四、五軒だけしか仮設から引っ越しておりません。あれから二年八ヶ月が過ぎましたが、どの仮設もほんの何軒かしか新しい家を建てた人はいないと話していました。何せ築き上げた財産を一瞬にして全部流されゼロからの出発です。「いやいや、ゼロならまだいい。俺たちはマイナスから始めなきゃならない」と話した人もいっぱいあります。

二年八ヶ月が過ぎた今も、うちでは復興の作業員さんが六割宿泊しております。残り四割が観光のお客様です。団体様も戻りつつありますが、作業をしてくれる人たち、ボランティアをしてくれる人たちを支えることで復興に貢献し、一日も早い再建を祈りつつ、自分のできること、社員とともに心を一つに一生懸命頑張っております。

震災を経験したことで私たちが原点に戻り、お客様が来てくださるありがたさ。「大変だったね、頑張ってね」という一言で明日からも頑張ろうという気になります。そして「来たかいがありました」という満足感をお土産に持ってお帰りいただけるよう、旅館の個性を生かしながら、これからも復興に向けて頑張っていきます。

尊い命を失った人もありますが、私たちの心の中でずっと一緒に応援してくれると思います。津波で家族や家を失っても心の絆は流されない。その気持ちを大切に一歩一歩復興に向けて、できることから頑張っていこうと思います。そして少しずつ変わっていく南三陸町を見に来て触れてほしいと思います。

質疑応答

司　会　ありがとうございました。ここからは、学生の皆さんとの質疑応答の時間をとりたいと思います。

学生A　本日は貴重なお話を聞かせていただいてありがとうございます。途中で、経営学を学ぶために講演会などに出て学んだとおっしゃっていましたが、どんなものを学び、どんなことを実際に経営の参考になさったのか、教えていただきたいと思います。

高橋女将　やっぱり会社は人づくりからということで、社員教育の仕方であったり、本当に人づくりが一番です。先ほど人づくりとおもてなしが一番のテーマというふうに話したんですけれども、私を含め社員とともに毎日毎日が勉強と思っております。相手は人間対人間ですので、本当に心と心があるので、そういった意味で人づくりが一番のテーマです。

司　会　従業員さんは今、何人ぐらいいらっしゃるんですか？

高橋女将　今、ケーキづくりのほうが十人と、それ以外が四十人で五十名ですね。震災後は地域の雇用を考え、二十人増やしました。

司　会　五十人もの従業員さんがいらっしゃると、理念を共有していくこととか、サービス一つとっても、徹底していく際になかなかご苦労がおありになるかと思います。組織をまとめていく上での具体的なご苦労について、差し支えなければ聞かせていただければと思います。

高橋女将　私たちは、接客業なので人の立ち居振る舞い、戸の開け閉め、そして、お客様に対する宴会場での担当のご挨拶、料理説明とか、共に勉強していかなきゃいけないと思っております。サービスの原点に戻って、新しく雇用した二十人の仲間と社員教育も頑張っております。共に勉強です。

学生B　今日は大変貴重なお話、聞かせていただいてありがとうございました。自分の中でとても素晴らしいなと思ったところは、頭に詰め込む知識ではなくて、心に刻み込む知識が大切という点がです。将来、教員を目指しているんですけれども、こういうことを教えていただきましてありがとうございました。

一つ質問ですけれども、コメントの中に「心の冷たい温かいビールを飲むのか、心の温かい冷たいビールを飲むのか」という部分がありました。この意味について詳しく教えてもらいたいなと思いました。

高橋女将　それは、ビールは冷たいほうがおいしいですよね。人間は心の温かい人のほうがいいですよね。それで、それを例えて「心の温かい冷たいビールを飲むのか、心の冷たい温かいビールを飲むのか」という例えをお話いたしました。

おもてなしとは、お客様に対する奉仕の心、本当に見えない心を見て奉仕する心、また感謝の気持ちで仕事をする心です。一人一人見えない心で「今何をしてあげたらいいのかな、何をしてもらえばこのお客様はありがたいなと思うのかな」と考えるお客様への奉仕の心ですね。それがやっぱり社員とともに一番のおもてなしと思いますので、女将としても心遣い、気遣いがなくてはなりません。本当に満足をお土産に持って帰れるようにと、毎日毎日が勉強でございます。

司　会　ありがとうございます。知識と心というお話なんですけれども、知識ということでいえば、例えば接客のときにマニュアルがあって、それをしっかり勉強してマニュアルどおり対応するというのは、基本としてはそれも接客のあり方の一つですね。だけど、それだけでよいのかということです。お客さんはいろんな人がいらっしゃって、同じことを機械的にマニュアル的にやっても、喜ぶ人もいれば喜ばない人もいるかもしれない。そういうことを察知するためにどうするのかというと、知識に加えて自分の心の働きで相手が何を期待しているのかを感じ取って、それを一人ずつ違うおもてなしの心でお返ししていく、サービスを提供していく。そういうことができるというのが、本当の意味でのおもてなしなのかなと、私なりに思いました。やっぱり旅館、ホテルに求められている非常にクオリティーの高い、質の高いおもてなしはそういうところにあるのではないでしょうか。

これは今日の高橋女将の話もそういうことだったと思いますし、歴代お話くださった女将も、異口同音にそういうことをおっしゃっていたように思いますので、私からコメントを補足いたしました。

高橋女将　そうですね、やっぱり行為とおもてなしというのがありまして、今、先生が助け船を出してくださいました。行為とはやっぱりマニュアル的に、マニュアルもやっぱり覚えておかなければならないことですね。行為とはマニュアル的に仕事の流れとしてやっていることであって、おもてなしがその心ですよということを先生に本当に補足していただいてありがとうございます。

学生C　今日は大変貴重なお話、ありがとうございました。自分の中ですごいなと思ったんですけれども、心を育てる教育、頭に詰め込むだけではなくて心に刻み込む教育ということです。実際に女将さんがどのように従業員に対してそういう教育を心がけてやっているのかということと、それは自分の人生の経験から生まれてきたものなのかということを、教えてほしいと思います。よろしくお願いします。

高橋女将　親切というのは、手を差し伸べて「はい、ここを渡って」と手を差し伸べる優しさと、手を差し伸べるんじゃなくて険しさ「ここは岩だけれども、ここを渡れば」と、勇気を持たせるやり方の二つのパターンがあると思います。やっぱり頭に詰め込む知識だけじゃなく、心に刻む知恵の教育というのは、そういうこともあるかなと私の中では思っております。手を差し伸べるだけが優しさじゃなく「やってごらん、こうしてごらん」と勇気を持たせる。それが心に刻み込まれて勇気を出していったら超えられたというような、そんな感じです。

司　会　確かに手を引っ張ったほうが、簡単というか、見ているだけのほうがはらはらするけれども、それをあえて本人にトライさせて見守るという、そういう態度というのも大事ではないか。心を育てるというときには、やっぱり本人にやらせて体験させて、本人が自分で納得して身についていかない。ただ「こうやりなさい、ああやりなさい」というふうに教えていっても、本人が自分からわかっていかないと身についていかない。そんなふうに思いました。

高橋女将　私の拙い講義を皆様にお聞きいただきましたこと、本当にありがとうございます。南三陸町は本当に復興へはまだまだなんですけれども、とにかく一歩一歩頑張ってまいりますので、どうぞ南三陸町にもお出かけくださいませ。本当に皆様、今日はありがとうございます。（拍手）

（講義日：二〇一三年一一月一四日　編集担当：松岡孝介）

第5章

江戸時代から続く宿の社員の幸福，お客様の満足，地域への貢献

大沼 瑞恵

旅館情報

鳴子観光ホテル

■所在地：宮城県大崎市鳴子温泉湯元41
■連絡先：0229（83）2333
■創業年：1620年代（寛永年間）
■客室数：102室
■http://www.narukokankouhotel.co.jp/

鳴子観光ホテル外観

鳴子温泉郷の取り組み

私の生まれ育った鳴子温泉は、江戸初期から中期にかけて開湯した温泉地でございます。「かいとう」といいますのは、氷を解かすのでなく、お湯を生かすということで始まった温泉地でございます。

鳴子温泉には川渡《かわたび》温泉、東鳴子温泉、鳴子温泉、中山平温泉、鬼首《おにこうべ》と五つの温泉郷からなっております。鳴子温泉は日本で湧き出す十一種類の温泉のうちの九種類を楽しんでいただける温泉地でございます。全国でも九種類の温泉を持っている地域は珍しい温泉地でございますので、ぜひ皆様、お時間があったらおいでいただければと思っております。

私ども鳴子観光ホテルの話をさせていただきます。創業は一六二〇年代、寛永《かんえい》年間、江戸時代の徳川家光の時代でございます。その時代ですと、関が原の戦いとか、大阪夏の陣とかがあった時代でございまして、今の社長で十八代目、三代目の大沼源蔵《げんぞう》が温泉を掘り当て基礎をつくりました。十六代までは源蔵の名を名乗っておりましたが、やはり十七代目は大沼源蔵というと時代のニーズに合わないというので、改名をしないで十七代、十八代とずっと普通の名前で今に至っております。今でも鳴子観光ホテルのロゴの前には、昔の源蔵さんの苦労やおもてなしの心を忘れないように、「源蔵の湯　鳴子観光ホテル」とつけております。

私どもでは昔から社員の幸福があってこそ、本当のおもてなしができるという言い伝えがありまして、私どもの企業理念は、一に社員の幸福の追求、二にお客様の満足の創造、三に地域社会への貢献と、この三本を柱として運営しております。

鳴子温泉も二度の震災に遭いまして、一九九一年に達成した約四百万人のお客様をピークにだんだん減少傾向が続き、震災のあった二〇一一年にはついに二百万人を切って、二〇一二年には百九十六万人になってしまいました。またお客様の減少とともに鳴子の人口が減っていくんですが、もう今年（二〇一三年）には七千人を切る勢いで人口が減っております。人口が減るということは働く人も減っていくということで、私どもではお部屋でのお呈茶をやめましてラウンジにお客様に来ていただきご自由にお飲み物とお菓子などを提供しております。これはお客様にも大変好評で、私がつくった「女将の梅酢」なども置いております。

鳴子の取り組みについてお話をさせていただきたいと思います。鳴子温泉は山間部ですのでお米がなかなか取れないということで、農家をやめていく人を食いとめるために、もう何年もかかっておいしいお米ができるように鳴子の米プロジェクトというのを立ち上げて、鳴

女将の梅酒

子の農家の方々と鳴子の風景を壊さないように努めております。これには私も当初から田植え、稲刈りに参加をさせていただいております。農家の方が本当に農業だけで生活できるのには最低限一万八千円の保証をするということで、このお米は二万四千円で販売をさせていただいております。

なかなか今の若い方、お米を食べていただけないんですが、ポッキー一本とお米一杯ではポッキーのほうがカロリーが高いんですよね。ぜひ農家を守るために糖質ダイエットなどをしないでお米を食べていただければと思っております。この取り組みにNHKのプロデューサーの方が目をつけてくださいまして、二〇〇七年にはお米プロジェクトをドラマ化した「お米のなみだ」というドラマがNHKで放送されました。このテレビドラマは大変好評で、四回ぐらいNHKで再放送されております。

六年前には岩手宮城内陸地震がありまして、鳴子はすごい風評被害で一ヶ月近く、お客様が本当に減りました。その時に鳴子の女将たちが立ち上がりました。どちらかというと鳴子は女性は家を守って男性が外に出るという温泉地でしたが、もうこれは男の人だけに任せておけないということで、私たち女将たちが立ち上がり三本木の新澤酒造さんという酒蔵さんの協力を得て、日本酒で梅酒をつけました。春にはお花見をし、お茶会をし、梅酒の漬け込み、ラベル張りまで全部を女将の手作りでやっている梅酒でございます。この梅酒は鳴子温泉のお食事の食前酒として皆様に提供させていただいております。

また六年前からは、温泉と音楽ということで鳴子音楽祭を開催させていただいております。初めは仙台のジャズフェスの方の協力を得て、全額私たちの負担で二、三百万円かけてバンドの方を呼んでもらったりしていたのですが、だんだん評判になり、今年は募集段階で三十六組の応募があり、二日間に分けて三千名のお客様においでいただいております。十月といえば鳴子は紅葉で忙しい時期なんですが、十月の一週目というと、本当に土曜日と日曜日はお客様が減少する時ですので、その時にお客様においでいただきたいということで、これも女将たちのアイデアで開催をしております。来年にはちょっと欲が出て金曜日にもしようかということで、鳴子のお寺さんをお借りして前夜祭ということで開催をしようと思っております。

今、鳴子の女将たちは、鳴子に来ていただく動機づけや仕掛けをするために本当にしょっちゅう集まりながら勉強会をしております。こちらは「なる子ちゃん」なんですが、鳴子のキャラクターで、これも全国から募集をした中で選んだキャラクターでございます。もう六年前にキャラクターは決まっていたんですが、なかなか予算の関係で着ぐるみをつくれなく

鳴子のゆるキャラ「なる子ちゃん」

て、今年のジャズフェスに合わせて十月五日に山から下りてきたという設定で初めて今年、このキャラクターが鳴子の町に出てきました。

こちらはオファーがあってキャラクターの運動会にも参加しませんかというお話があるんですが、なかなか足が短いので多分何もできないと思うので、ちょっと今、参加をしようかどうかと思案中でございます。

どうですか、このなる子ちゃんは、若い方には受けますでしょうかね？　なる子ちゃんがお風呂に入った映像とかをYou Tubeにのせたいと思っているですが。

大震災の記憶

今日、鳴子を出てくるときすごい雪だったんですよ。この雪を見ると、やはり二年八ヶ月前の震災を思い出して心が虚しくなってしまうんですが、私どもはその日三月十一日の午前中に年二回の防災訓練をやったばかりだったんですよ。それで、その午後の二時四十七分ですか、地震がありました。午前中の防災訓練が活きて、お客様の避難誘導から何から何までスムーズにできました。

お車で来ていただいたお客様にはその日のうちにお帰りいただき、またJRで来られた県内のお客様はお一人お一人、社員が手分けをして自宅までお送りいたしました。JRで東京からいらしたお客様で四組十名様ほどいらしたんですけれども、その方たちは新幹線が止まってしまったので東京には帰れなくなり、ホテルにとどまってもらって、二階の宴会場に仮設のお部屋をつくりそこにご滞在いただきました。そして従業員は、私たち役員と寮生を残し、ほかは皆、家族と家の安全のために家に戻し、一人の役職員はお休みだった従業員の安否確認のために全部自宅を回らせました。

それで十名の東京からいらしたお客様のご飯などは、もちろん調理場も帰っていますので私と寮生の手料理で、おもてなしではないんですけれどもお食事をしていただき、次の日には、せっかく鳴子温泉にいらして温泉に入っていただかないというのは、私としては心苦しいので、自家発電でポンプアップをして一ヶ所だけ温泉に入れるようにして、そこにお客様に順番に入っていただき、地域の方も自由に使ってもらうようにしました。

二日目の夜でしたかね。鳴子の旅館の女将さんがうちに来てくださって「明日には新潟から新幹線が走るみたいだ」ということで「一緒にうちのお客様も乗せて新潟まで送っていかないか」ということで、車を手配してそちらのお客様とうちのお客様と、新潟のほうから東京に帰っていただきました。

ただ余震があったので、途中どんなことが起こるかわからないということで、お水とおにぎり、毛布、一晩過ごせるくらいの荷物を積んで新潟まで送り出しました。送り出すときに、その震災の中でお客様も本当におうちに帰りたい一心だったと思うのですが、私たちの本当につたない「おもてなし」にも何一つ文句を言わずにいてくださったことに感謝をして、全員で涙ながらにお見送りしたというのがこの震災で一番私の心に残っております。

それでお客様がいらっしゃらなくなって、その次の日からですかね。東北電力さん、新幹線の方、あとガスの開栓ですか、鳴子はガスがボンベだったのでガスは止まらなかったんですが、仙台は市ガスなので一軒一軒確認をしながら開けていくということで、全国からガス局、中部ガスさんから全部いろんなガス局さんが鳴子にお泊まりになって、毎日、朝五時から仙台に向かい、夜は十二時ぐらいにお帰りになったりして、本当に一軒一軒、ガスの元栓を開けてくださったみたいです。そうやっていろんな方のお力をかりて、私たちの現在の復興があるんだとつくづく思います。

それで皆さんから「何か苦労ありましたか」と聞かれますけれども、ガソリンの問題も、やはり常に地域の方とコミュニケーションをとっていたので、鳴子のガソリンスタンドさんでは、「今日タンク車が入ったからガソリン入れにおいで」とか電話をもらって行ったりしたので、苦労という苦労はなかったんですが、やはり鳴子温泉というのは、昔から湯治場温泉で沿岸部のお客様が多い地域だったんですよね。それでお客様の安否の確認がとても心配で、五日目には私はお米を積んだり、タオルを持ったりして石巻のほうに行きました。私も戦争経験はないのですが、戦後ってこうだったのかなと思うぐらい、皆さん、リュックを背負って歩いていました。

うちにも若い社員がいるんですけれども、やはり若い人たちには、ああいうことがあったら町が一つなくなるということをぜひ知ってもらいたいと思っております。みなさんの中にもご親戚とかお知り合いで被災された方があると思うんですが、私どもでは、やはり何人かのお客様方が流されて亡くなられました。そのお客様たちの火葬も県内ではできないということで、山形の酒田で火葬だというと、そこまで最後のお別れに行ったりして、結構私自身も辛い日々でした。物資不足とか、そういうものは全然辛いとは思わなかったんですが、やはり精神的に辛いというんですか、今まで五十何年生きてきてやはりこんな辛い思いをしたことがないぐらいでした。

それで余震があったりするとすごく心配で、社員にも「女将さん、心配性だよ」と言われるんですが、反射式の丸ストーブありますよね。あれを去年から何個も買ってストックしておいたり、ホカロンを買ったり、何があってもいいという危機管理を前以上にしています。それですごく心配性な女将といわれているんですけれども、やはり皆様もいつどこで何があるかわからないと思うんで、一人一人が危機管理をしっかりしていただければと思っております。

ふれあいとおもてなし

私は今回、ガソリンですとか、お客様のお送りとか、本当にいろんなことで地域の方に助けていただきました。いろんなことがあると思うんですが、やはり人との触れ合いを大切にして日々、生活をしていただければと思っております。ですから、今は六十人の従業員がいるのですが、私は常に毎日必ず一人ずつ会って冗談を言うようにしているんです。その社員の一人一人の毎日の顔とか、いろんなことが違いますよね。それで、今日は悩み事があるのかな、体の調子が悪いのかな、何かあるのかなというように気に掛けています。チェックではないんですけれども、社員六十人を私は家族だと思っているんですね。お母さんが子供のことを心配するような気持ちで日々、従業員と接しております。従業員もそういう気持ちが通じているのか、本当に困ったときは、この間の震災ではないんですが、私たちが何をしなさいと言うまでもなく、私が何を言おうとしているのかをわかってくれていて、私よりも先に行動してくれるので、すごく幸せな女将だと思っております。

それで震災の時に、お客様は来られないのはわかっていたんですが、四日後に山形は携帯電話が通じるようになったというので、ある社員が一ヶ月分の予約帳を持って山形まで行って、お客様に一軒一軒お電話をして鳴子の状況を説明しました。それも私が指示をしたのではなく、従業員みずからそういった行動を起こしてくれました。

先日テレビで、四国のある町でお遍路さんがたくさんいらっしゃるので、古くなったバスに布団を入れて自由に泊まっていただいたりして、朝食も無料で町民の方が提供しているみたいなんですよね。テレビのアナウンサーが「どうしてそうしているんですか?」と聞いたら、そのインタビューに答えた方が「それが当たり前ですから」と答えたんですよね。私も「えっ?」と思ったんですが「ああ、そうなんだ。おもてなしというのは当たり前のことをして差し上げる、お客様がこうしてほしいということをして差し上げる、その当たり前のことが今年の流行語にもなっている『おもてなし』なのかな」なんて、そのテレビを見て思いました。

日々生活して当たり前のことができるというのは難しい時代なのですが、やはり人との接し方ですか、そういうことを考えていきたいと思っております。今は携帯とかパソコンの時代で、会話がなくなっているんですが、やはり会話をしながらその人が何を求めているか、何をしてほしいかを察することが大切かと思っております。何が当たり前なのか、ちょっとわからないんですが、そんな感じなのかなと思っております。

旅館の経営を考える

やはり私たち鳴子温泉もなかなか大変な時代がありました。バブルの崩壊とともに私ども鳴子観光ホテルもメーンバンクを失ってしまいました。ですが、たまたま別の銀行さんに拾っていただいて今までやってきました。

バブル崩壊以前は、旅館は稼働率で経営をしていたんです。昔の旅館はお金を回しながら

ラウンジのウェルカムドリンクコーナー

やっていますから利益も出さなくてもいい、お金が回っていれば経営が成り立つという時代だったと思うんです。でもバブル以降は、私たちもいろんな経費を節減しながら今までの商売のあり方を見直し、一円でも利益が出るような商売に切り替えてきました。

その一つの例がお呈茶です。お客様のお部屋のお呈茶に行くのは、ルームさんの時間のロスがあったりするので、お呈茶を止めて、でも手抜きをしていないようにお客様に見ていただくために「お部屋にご案内した上はお客様のプライベートルームですので、もう従業員はお伺いしません。御用がありましたらフロントにお電話ください。ラウンジのほうにお飲み物をご用意してありますので、お客様のお好きなお時間にいらしてください」というふうにいたしました。それで一階にあるラウンジには、暇な日でもお客様が十名ぐらい座ってくれています。するとここの旅館ってちょっと繁盛しているんじゃない

客室の寝具

の、今日はいっぱいなんですか、とお客様からお聞きいただけたりするんで、そういういい点もあるのかなと思っております。

また今は六十人なんですが、バブル崩壊前は百六十人の社員を雇用しておりました。今は各社員が一人で二役も三役もしております。ですから私も「女将です」なんて言ってはいられないので、朝、お見送りをしたら社員と一緒に朝食の片付けに入ったり、夜のセットをしたり、昼間は業者さんとの打ち合わせとかをやっております。二時半からはルームさんとか社員が出てくる前や、お客様のチェックインの前に私が一人でもできることを、例えば宴会場のおしぼりを全部つけて歩くとか、そういうことをしながら、六十人で頑張っております。

寝具も布団を敷くのって結構大変なんですよ。上に上げたり下に下げたり。その作業をしている方は年配の方が多いので、私どもでは井上ゴムさんと観音開きの無圧布団を共同開発して、上に上げないで下に押し込めて引っ張ってパタンパタンと出すような布団に変えました。時間を計ってみたら一分から二分短くなって、働く人の作業効率が向上して大変さが解消されました。そういう布団を開発し、今提供しております。その布団はすごく好評で、お客様から「売ってください」と言われるんですが、「一枚六万円ぐらいするんですよ」と言うと、「もうちょっと安くならないんですか」なんて言われます。それで交渉して五万円ぐらいにしてもらって三十組くらい買っていただきました。

これからの旅館の展望ですが、私どもみたいな大きな施設（五千平米以上）になりますと、耐震構造のことがかかわってきますので、今、見積もりをとっているんですが、耐震診断をしてもらうだけで千五百万円ぐらいかかるんですよ。そのお金の捻出とか、いろんな苦労がこれからもあると思います。やっぱり消費税が五パーセントから八パーセントになる、三パーセント上がることで一番初めに削られるのはレジャーの出費なんですよね。温泉に行きたいけど、まあいいや、鳴子に行きたいけど仙台でもお風呂があるからそこに行こうとか、そういうことになるのではないかと思っております。

これから先は見えないんですけれども、私もこういう性格、B型人間なので先々を考えるより今がよければいいかなと。そのときになったらそのとき考えようなんて思っているんですけれども。本当にこれから先、いろんな経費がかかったり、いろんな課題が出てくるのかなと思っておりますが、ただ今までと違って銀行からお金を借りて回していく経営じゃなく、本当にいくらかでも利益を出す商売にしていく必要を感じております。

皆さんは本当に物の豊富な時代に育っていらっしゃるので、物の大切さとか感動とかあまりないかもしれませんが、私ごとですが、私は十二歳から仙台の学校の寮に入れられて親から離されたんですよ。あの頃といいますと、年に一回、鳴子の田舎から仙台に連れてこられるかどうかという時代でしたので、寮に入って初めてのお休みの時に、先輩にチロルってパスタとかをやっているお店に連れていかれて、ピザとグラタンを注文された時に、これは何という食べ物なんだろうと、人間の食べるものなのかとすごくびっくりした覚えがあったんです。今は本当に情報社会で鳴子にいてもネットで好きなものが買えたりできるんですが、その時の驚きと感動を泊まりに来てくださったお客様にご提供できたらと日々研究をしながら社員と勉強会をしたりしております。

本当につたないお話で。私、現場主義の女将なので、なかなか皆さんの前でまとまったお話ができなくて申しわけないんですが、本当にありがとうございました。（拍手）

質疑応答

司　会　ありがとうございます。女将さんが日々、こんなことをお考えになりながら経営に当たられていることを改めて知ることができました。これから質問をさせていただきます。まず女将さんになるまでの歩みの一端をもう少しきかせてください。

大沼女将　私は十二歳で宮城学院に入学して仙台に来たんですが、その頃は高度成長期だったために旅館がすごく忙しくて、両親がお弁当をつくれないとかなんとかという理由で寮に出されました。旅館の子供は寮のある学校に出すという風習があったというか、そういうので自分の意思でなく試験を受けさせられて仙台の学校に出されたというんですかね。そういう感じで仙台に出てきたんです。

今思えば仙台に出てきて六年間、中学校一年から高校三年生までずっと同じお友達といたので、そのお友達とは今でも家族ぐるみのお付き合いをしています。けれどもその頃は両親を恨んだりもしました。何で私が本当に年に一回くらいしか来たことがないところにぽんと出されて、四畳半一間の部屋に先輩と一緒に気を遣いながら生活をしなくちゃ（なら）ないのと思っていました。でもやはり自分がだんだん女将になってくるにつれて、親のその時の気持ちもわかるようになり、今では感謝しております。

ですから私は自分の子供たちにはそういう寂しい思いをさせまいと思いながら、やはり十二歳で娘も息子も仙台に離してしまいました。何かちょっと自分の気持ちと矛盾しているなと思うんですけれども、その中でも自分なりには一生懸命手をかけたつもりでおります。ですから私も親に反抗したように、娘と息子にもやはり「何で私は十二歳で離れなくちゃないの」と反抗された時もありました。けれども娘と息子たちも親になってその時の親の気持ちがわかってくれているみたいなんで安心しました。

やはり自分もそのときになってみないとわからないというんですかね。よく私が今の若い社員に「あんたは宇宙人だよね」と言うんですよ。私たちとやはり育った環境、いろんなことが違うので、やはり私とくい違うところがあまりにも多いために「宇宙人だね」と言うんですけれども、よく考えれば私もうちの親から見れば宇宙人だった時があったんですよね。それもやはり時代の流れというか、繰り返しなんだなとつくづく思っております。皆さんもお子さんができて私ぐらいの年齢になったら、やはり自分のお子さんを宇宙人と思う時が来るかもしれないと思います。

司　会　旅館の女将さんといいますか、旅館のご子弟は教育のために仙台に出てこられるという方もよくいらっしゃいますね。

大沼女将　そうですね。うちの母も私もそうですけど、やはり女将の仕事って朝から晩まであって、子どもに、朝、お弁当をつくってやったりそういうことがなかなか満足にしてやれないという気持ちだったと思います。でも十二歳の私にはそれが理解できず、何で私は出されたんだろうなんて反発をしたりしたときもありました。けれどもやはり自分が女将になってみて、家にいて手をかけられないで寂しい思いをするより、寮に入って同じ環境の方と一緒に生活したほうが、子供のためになるかなと今では理解ができるような気がします。

司　会　女将になられるというのは、小さい頃からそのつもりでいらっしゃったんですか？

大沼女将　うちは二人姉妹で姉がいたんですが、姉は昔から旅館は嫌だといって大学を卒業するとさっさとお嫁に行ってしまいました。それで私ひとりが残されて、まだ十七、八だったので結婚して出ていくこともできないので、自然と継いだという感じです。すでに小学校の頃には、今日お金入れないと電気を止められるといった親の金銭面での苦労も見てきましたし、自分なりに食器洗いのお手伝いなどいろんなこともしてきましたので、旅館の仕事をする女将になるというのはお嫁さんの場合と違って自然にストンと入れました。先代の苦労が並大抵の苦労ではなく、それを見てきたので、今私がしている苦労というのは、それに比べれば本当に足元にも及ばないと思っています。ですから「女将さんの苦労って何ですか」と言われても、苦労を苦労と思わないでここまでやってこられたような気がしますね。

司　会　よくわかりました。女将さんになられる経路が、これまでの女将さんたちだと三つぐらいのケースがあるようですね。一つが旅館の娘さんでいらっしゃって、結婚される場合はお婿さんを迎えてという形ですね。二つめがお嫁さんとしてお入りになる形ですね。三つめが自分で創業者のような形でお始めになるという形ですね。今日は旅館の家で育ち徐々に女将への道を意識しながら成長されてということかとお聞きしました。

鳴子観光ホテルは、かなり大規模なホテルの部類に入ると思うんですが、従業員さんだけでもかつて百六十人、今は六十人でおやりになっているということですが、その内訳としては、どういうことになりますか？

大沼女将　フロント周りは七名、事務は五名、予約が三名、ルームさんに関しては本当に少ないんですが、満室で三百五十名収容ぐらいなのですが十二名でございます。あと調理場が十名、あと役員、私たちも入れての人数ですので、本当に少ない人数でやっております。

ルームさんに関して、よく旅館の女将さんからも三百人のお客様を十何人でどうやってこなしているの？　と聞かれるんですが、旅館は毎日忙しいわけではなく変動が激しいので、忙しい時にはコンパニオンさんに補助で入ってもらっています。時間給は三千円か四千円ぐらい出すことになりますけれども、その日だけなのでコンパニオンさんに制服を着ていただき、ルームさんの補助をしてもらったりしております。

ただ、今、社員を募集してもなかなか田舎には集まってこないんですよね。昨日も小さな旅館の女将さんと話をしたんですが、ハローワークに求人を出しても一年近く経過して一人も来ないというのが現状でございます。これから働き手がさらに少なくなり、鳴子も高齢化社会になってきている中で、当館は息子が戻ってきて継いでいるのでどうにか商売をやっていけるのですが、次の世代に残していくためには私たちが頑張って何かをしていかないと鳴子温泉が残っていかないような気がします。

常に女将さんたちで集まりながら、いろいろこうしたいね、ああしたいねという形で考えています。それで昨日も話が出たんですが、一市六町の合併とともに、鳴子温泉に配分される観光予算も少なくなっているんですよね。それで行政を頼っていてもなかなか進展がないので、私たち独自でいろんなことを打ち出していこうということで昨日も話が出ました。その一つがYou Tubeだったんですが、できる人がいないんですよね。皆さん、よろしくお願いします。話を聞くとなかなか難しいらしいんですよね、You Tubeって。

司　会　のせることだけなら簡単なんですが、様々なルールとか、やってはいけないこととか、社会的な影響等を考えると、個人がのせるのとは違う責任とか影響の問題とか、いろいろ考えなければならないところがあり、そう簡単にできないというのもわかります。

教員A　学生からの質問票から質問させていただきます。社員との信頼関係を大事にしておられるという話に関連して、女将さんが考える社員の幸せとか幸福というのは、どういうものでしょうかという質問があります。

大沼女将　家庭を持っている社員も多いですし、年配の社員もおりますので、一緒になって老後の心配をしてあげたり、若い社員については結婚とかいろんなこともあるのでその相談に乗ったりします。旅館勤務で幸せというのは何なんでしょうかね。いろんなことがなく、たぶん日々普通に生活していることが幸福なんだと思います。

教員A　ありがとうございます。地域貢献についてもかなり質問がありました。名所の話やジャズフェスの話がありましたが、女将が集まって勉強会をしている中身をもうすこし詳しく聞かせていただきたいというものがありました。

大沼女将　先ほどもお話ししましたように、次の世代に何を残していくかというのを考えています。たぶん今の方は温泉だけでは鳴子を選んでくださらないと思います。やはり温泉プラスアルファですかね。いろいろな温泉地がありますので、プラスアルファがあってこそ、鳴子温泉を選んでいただけると思っております。

それでプラスアルファをいろんな形で考えています。春は四月、五月の連休前までお客様が落ち込んでしまうので、その時に桜とかお花がいっぱいあるといいねということで、今、東京のNPO法人さんのお力を借りながら山桜を植えようかという話を進めています。その木はオーナー制で、例えば記念樹として十年間はそのオーナーさんのもので、十年後から私たちのものになるという記念樹があるみたいなんですよね。その十年間も、管理はNPO法人さんでしてくれるのですが。その話を大崎市としながら少しずつ進めていきたいと思っております。山桜は五年くらいできれいになるというので、次の世代に残せるものはそういうものかなと思いながら、自分たちのできる範囲で本当に少しずつ、一つずつ地域の人とやっていきたいと思っております。

教員A　経営に入り込んだ質問が学生からきております。例えば今後の設備投資の計画、そのための資金の捻出方法、そのあたりについて可能であれば教えていただきたいということです。

大沼女将　設備投資は考えてはいるんですが、その前に機械とかのいろんなメンテナンスをしなければならないので、経営の方針を一円でも二円でも利益を出すという方針に変えました。そうして年間に出た利益の中で、今年はこれぐらいの改装ができる、あとこれぐらいの機械の交換ができるという何年間かの計画を立てております。昨年は大浴場の改装をしましたが、今年は暖房設備をすべて入れ替えました。あと食事処を少し改装しました。来年は目標としてはボイラーの本体の機械を入れ替えたいと思っております。

なるべく借り入れをしない方法で、というのは借り入れをすると次の世代が苦労するので、私たちの代ではすでに借り入れしている何十億を少しでも減らして次の世代に渡し、次の世代が何か目標を持って改装をしたいなら、そのときに銀行さんから融資をしていただいて改装をすればいいかなと思います。私たちの代は借り入れを返す時代だと思っていますので、今はこれといった大きな計画はなく、自分たちの利益の中でできる範囲でやっております。

教員A　バブル崩壊以降のある時点でその利益重視の経営に変更されたということですが、その時に従業員さんとの間で、経営のスタイルが変わってくるということで問題が生じるといったことはなかったですか？

大沼女将　全然なかったんですよね。常日ごろのコミュニケーションがとれていたというか、社員が私たちオーナーの気持ちをわかってくれていましたので、従業員のほうから、自らこれをしましょうとかという提案とかもあったので、本当に私たちは従業員に助けられて幸せなオーナーだと思っております。

司　会　百六十人いらっしゃった従業員さんを六十人までされたのはどういった形で進められたのでしょうか？

大沼女将　以前は百六十人ぐらいいたのですが、旅館はお年寄りが働く場だったのでだんだん減っていって、震災の時には百人弱だったんです。その時に定年以降も働いてもらっていた方、年金をもらいながらも働いていた方がいらしたので、その方たちとお話をしながら。あと希望退職者を募ったら、若い子たちの中には遠くから来ている子もいて、震災に遭って私は青森のお母さんのところに帰りたいという子もいたので、それで二十人弱減ったことがありましたね。二、三人は当時五十九歳で、失業保険もその年齢ですと十カ月もらってその後は年金がもらえるので、そういう方は結構家庭がしっかりしている方が多かったので、話し合いの中でやめていただいた方も何名かいました。

教員A　今、利益重視の経営に変更して、内部留保の範囲内で設備投資をやっていくというお話がありましたが、年々、ネットの予約が増えてくる中で利益率が下がってきているという現実があると思うんですね。例えば楽天が来年の四月から手数料を少しアップするという話もあって、お客さんのとり方を工夫していかないと、客単価が下がる中で利益を上げていくというのは難しくなるのではと感じていますがいかがでしょうか？

大沼女将　震災前は協定旅館ということでＪＲさんに十室、ＪＴＢさんに十室とかというように提供して、返室は一週前しかできないという仕組みになっていたんですよ。震災後、東館は閉鎖して西館しか営業しないということで、提供分を二部屋とか三部屋に減らしてやっている分、直《ちょく》で部屋を売れるということで手数料がかからないことが利益の源泉の一つです。実は両方使って商売をやっているんですけれども、そういう点で直のお客様を増やすという取り組みをやっています。ネット経由のお客様が年々増えてきているので、ネットに出す部屋のハンドリングはなかなか今、難しくはなっていますよね。

ネットのお客様って口コミが結構あって、うちの社員にも聞くと口コミを見て旅館を決めるというんですよね。例えばうちの旅館に対する口コミでも私が納得する、ああそうだ、申しわけないという口コミもあるんですが、今のクレームというのは、自分のニーズに合わなければそれがクレームなんですよね。二、三日前のアンケートなんか、温泉に来て館内が温泉臭いから気に入らないというアンケートがあったんですよ。だからちょっとうーんというところがあるんですけれども、やっぱり商売していくにはそれにも立ち向かっていかなくてはいけないんですけれどもね。

教員A　震災についての質問が出ています。設備とか施設にどういう被害があったのかを差し支えない範囲でお答えいただければ。

大沼女将　鳴子は下が岩盤ですので、ありがたいことに壁一ヶ所が壊れただけだったんです。あとは何も壊れていなくて、怪我人もなかったし、温泉も次の日にはポンプアップして出たし。私も社長も理由はわからないんですが、停電でも一ヶ所だけ生きているコンセントがあってそれで御飯が炊けましたし。不思議なのですが、営業用の冷蔵庫も停電で解けるから早く食べなくちゃと思ったんですが、それも電気が通っていたんですよね。ですから食料には苦労しませんでした。ガソリンはお友達から必要なときにもらえたし、お水もタンクに二、三十人だったら何十日ももつぐらいの水がたまっていたんで、本当に申しわけないんですが苦労って何もなかったんです。

教員A　学生の質問の中に、復興を実感した時期というのが、まだかもしれないんですが、いつごろから復興してきた感覚を持ったか、お聞きしたいというのがありました。

大沼女将　やはり工事の方がいなくなって、普通のお客様を受け入れた時がうちの場合はそうなのかなと思う反面で、鳴子温泉は六十パーセントが県内からのお客様なんですよね。

県内が復興しない限り、まだまだ復興には至っていないと思っております。当館に関しては海岸地域のお客さんの常連さんとか、農家の方とか、一次産業のお得意様が多いので、やはりまだまだ復興には至っていないというのが現状ですね。

教員A　おもてなしについては女将さん独自の考え方についてお話いただきました。その感動を与えるためにどういうことをしているのかをもう少し詳しくお聞かせください。

大沼女将　そうなんですよ、それが私の一番の課題で、お客様によってその感動の受けとめ方が違うんですよね。ですから日々、私が普通にしている中でお客様に感動していただければいいかなと思っているんですが。

あとは館内については社員と一緒にお客様が驚くようなことを考えています。なかなか客室も改装できないんですが、私たち社員と一緒に東館の一番古い部屋を一部屋五万円ぐらいで全部改装して、その部屋は特徴あるお部屋にしたんです。やはりお客様が入ってちょっと驚くかなという、そういうことをしています。ただ震災後、その改装に関してはちょっとお休みをしております。

教員A　従業員さんとのコミュニケーション、お客さんとの対話、コミュニケーションで気をつけているところとかこだわっているところはいかがですか。

大沼女将　そうですね、お迎えするのは当たり前なんですが、やはりお帰りになるときは必ず八時前から玄関先に立って、お客様お一人お一人にご挨拶するようにしています。やはりお客様の反応を見て、本当に何も言って帰らないお客様ほど怖いお客様はいないと言うぐらいですから。

やはりクレームを言っていただけたお客様に、「本当にこちらのこれはできなくて申しわけございません」という会話を重視しながらやってきて、またリピーターになってもらうとかということなんですね。やはりお帰りになる時、お客様お一人お一人に「昨日はゆっくりお休みになれましたか」とか、そういうコミュニケーションは必ずとるようにしています。本当に私が鳴子にいる限り三百六十五日、お客様のお見送りはさせていただいております。

教員A　何も言わずに帰ってネットに書き込まれるというのが一番怖い？

大沼女将　そうですね、そういうお客様が一番怖いです。

司　会　クレームにどう対応するのかというのは、いろいろ心を砕かれているというのは、これまで多くの女将たちから聞かせていただきました。いろいろなクレームにどう対応したのかというお話をしていただいて、女将さんにとっては理不尽だと思えるクレームもあるとおっしゃっていたんですが、その中で、そういうクレームにもよく聞いてみると、それなりの理由とか原因というのがどこかにあるんだと。そういう原因がわかってくれば、それはもうやむを得ないとして受け流すものもあれば、対応もしていけるということです。そういう意味では、クレームというものに対してどう対応するのかは、大変だなと思いながら今日のお話を聞かせていただきました。

大沼女将　クレームを言ってくださるお客様ほど、うちでは常連さんになっていただいているというケースが多いんですよ。それはやはり社員もちゃんとお客様の気持ちになって対応をしているし、それでお客様も社員が一生懸命やっているという姿を最終的には認めてくれるんですよ。それでクレームを言ったお客様がもう常連さんになって毎回来て、この間もあるエージェントのお客様なんですが、一回目に来てクレームを言って、ですから来なければいいのに今度は別の支店から申し込んで来てまたクレーム言って帰っていったので、「また来るのかしらね」なんて社員に言っていたんですけれども。やっぱりその方は「うちに来て多分日ごろのストレスを発散しているんだから、もし今度来たら聞いて流しておけばいいんじゃないの」なんて言っていたんですけれどもね。

教員A　歴史に興味を持っている学生だと思うんですけれども、大沼源蔵さんが考えたおもてなしはどういうことかをもう一度改めて聞かせてくださいと質問がでております。

大沼女将　何でしょうね。人のおもてなしって何だったんでしょうね。それはたぶん気持ちを込めてお客様と接するということが本当の最良のおもてなしだと思うんですよね。お菓子を食べさせるのがおもてなしじゃなく、やはりおもてなしって本当にお客様と心を通じ合っていくことが本当のおもてなしであって、何かをあげる、おいしいお料理を出す、いいお部屋にお通しするのがおもてなしではなく、やはり心だと思っております。たぶんその後、ずっと源蔵さんの気持ちというのは、うちの企業理念にもあるように、やはりその三つがうちのずっと昔からのおもてなしの気持ちだったと思いますが。

司　会　今日は大沼女将さんに大変いろいろ多岐にわたって具体的なお話等も聞かせていただ

だき、本当にありがたく思っております。

大沼女将　まとまらない話で、長時間にわたりありがとうございました。（拍手）

（講義日：二〇一三年一一月二一日　編集担当：折橋伸哉）

第6章

豊かな自然と水と食に恵まれた青根で高い理念で運営する洗練の宿

原　華織

旅館情報

山景の宿　流汕

■所在地：宮城県柴田郡川崎町青根温泉 17-2
■連絡先：0224（87）2611
■創業年：1985 年（昭和 60 年）
■客室数：23 室
■http://www.aoneonsen.com

流辿の外観

青根温泉とは

青根《あおね》温泉から参りました原華織《はらかおり》と申します。盛大な拍手ありがとうございます。今日は貴重な時間をいただきまして、本当にありがとうございます。

私は、現在、青根温泉で二軒の旅館、そして大河原でファミリーレストランを一軒経営しております。

青根温泉を知っている方、いらっしゃいますか？ご存じない方も多いと思いますので、青根温泉について簡単に紹介させていただきます。

今日、私は朝九時半ぐらいに青根を出ましてちょうど十時半にこちらに着きました。したがいまして、仙台から車で約一時間ですね。宮城県と山形県の県境にある標高五百三十メートルの温泉地です。開湯四百八十年余り、伊達藩の保養所として栄えた歴史があります。青い木の根っこから温泉が湧き出たことから青根温泉と名付けられました。

青根温泉の面積ですけれども十三万四千平米。数字を聞いてもピンと来ないと思います。ディズニーランドの約四分の一の大きさにあたり、小さな温泉地です。皆さんご存じですか？　ディズニーランドのシンデレラ城の高さを。シンデレラ城は五十一メートルあるんですけれども、青根温泉は標高が五百三十メートルです。十倍以上、眺めが違うんです。

青根温泉の魅力

青根温泉の泉質の素晴らしさについて簡単にご説明させてください。

そもそも温泉というのは、温泉法で定められている定義が二つあります。ご存じの方もいるかもしれませんが、まず源泉の温度が二十五度以上であること。そして含有成分に関する十九の特定条件のうち、一つ以上規定値に達しているもの、つまり成分が一つ以上あるものを温泉とするという定義になっています。

泉質については九つあるんですね。よく温泉の泉質って何ですかという質問がありますが、泉質は九つ、単純泉、塩化物泉、炭酸水素塩泉、硫酸塩泉、二酸化炭素泉、含鉄泉、硫黄泉、酸性泉、放射能泉と九つあるうち、青根温泉は単純温泉になります。弱アルカリ単純泉です。単純温泉とは成分の薄い温泉なので刺激が少なく、お子さまから高齢者、デリケートな肌の女性向きで、最も湯あたりしにくい温泉です。

また青根温泉はpH七・四あり、肌の角質をとる美肌効果があると言われています。メタホウ酸は九・三と最も高く、洗浄作用の働きで目に効く温泉です。それで青根温泉は眼病、

流辿のご来光の湯

目によく効くと言われています。泉質が薄いといっても溶存物質が八百二十五ミリグラムありまして、市販されている入浴剤、こういう固形がありますね、そちらの入浴剤のだいたい五、六倍の濃度があると言われています。

一言で簡単に表現しますと、子供からお年寄りまで安心して入れる肌に優しい温泉・美肌の湯です。湯あたりしにくい温泉なので、何度でも入れちゃうというのはすごくお得感があるかなと思っています。最近では赤ちゃんの温泉デビューでご来館いただくことも非常に多くなっています。そもそも温泉というのは、本来病気を治すものではなく予防するものです。病気にならないために温泉に入って病気になったら病院に行く。

温泉の入り方

温泉は入浴することにより疲れをとるという面も持っています。でも疲れをとるために温泉に行って余計に疲れたという経験はありませんか。それは泉質や濃度によるものです。まずは青根の温泉で温泉慣れしてから濃度の濃い温泉、例えば宮城ですと、鳴子温泉なんかもそうですね。そういった濃い温泉地へお出かけしてみてはいかがでしょうか。青根温泉は濃度の濃い温泉地に行くための掛け湯的存在でありたい。

そして刺激の強い温泉に入った後は肌に優しい温泉、つまり青根温泉で仕上げ湯として皆様のお帰りを待つ温泉地でありたいと思っています。これを本当の湯めぐりと言うんでしょうね。いずれ宮城県内の温泉地と連携をとり、県内湯めぐりを通して日本を元気にしていきたいと思っています。

温泉についてですけれども、入浴方法についても簡単に説明させてください。

今、掛け湯というお話をさせていただきました。体の汚れを落として入浴をするマナーの一つとして思われがちですけれども、お湯の温度ですとか、あとは温泉の刺激に体を慣らすため、という大切な意味もあるんですね。ですから手足など心臓の遠くからゆっくり肩に向かって順に掛け湯をしていってくださいね。

また皆さん、温泉旅館に泊まられた経験をたぶんほとんどの方がお持ちだと思いますが、温泉旅館で出されているお茶菓子とお茶にも実はきちんとした意味があります。空腹の状態で入浴をすると貧血を起こしやすくなるため、適度なカロリー補給という意味で糖分を含んだお茶菓子程度のものをお召し上がりいただく。そしてお茶は水分補給になります。緑茶は湯あたりを防ぎやすくするビタミンCも含まれていますので、また温かいですから体を温め体の内側から掛け湯をするようなものです。

今日は女性の方も非常に多いので温泉のダイエットについてお話しします。ご飯茶碗でだいたい半分のご飯は、八十キロカロリーぐらいありますが、それを消費するのに年齢や性別にもよりますが、温泉入浴ですと十分間の入浴でこの八十キロカロリーを消費すると言われています。ジョギングですと三十分、自転車ですと四十分でようやく消費するということですので、私は毎日三十分お風呂に入りますから、これでご飯茶碗一膳半分ぐらいはカロリー消費しているんだなと思うと、毎日これがちょっとしたダイエットになっているかなと思っています。

青根温泉の五つの特長

青根温泉は特にどんな泉質、何に効くんですかとお客様からよく聞かれます。眼病予防によく効く温泉です。もちろん、こちらにもきちんとした意味があって、青根温泉の五つの特長についてお話しします。

一つ目、温泉成分の先ほど言ったメタホウ酸ですが、通常五ミリグラム以上あると洗浄効果が高いと言われているのが、青根温泉は何と倍近い九・三ミリグラムあります。

そして二つ目ですが、目に効く温泉として温泉成分だけではなくフィトンチッド効果というのがありまして、樹木が放つ化学物質が人間をリラックスさせるという効果があります。よく森林浴というのを聞いたことがあると思います。

地産地消の御料理

また温泉地に来たというだけで癒される転地効果も特徴の一つです。特に標高三百メートルから八百メートルぐらいの標高で森林がある場所、青根温泉は標高が五百三十メートルですからちょうど真ん中です。

四つ目に、目に効く食材の提供ということで、実は現在、調理スタッフとこちらは研究中です。スタッフがいろいろ調べてくれているんですけれども、例えばブルーベリーなどの食材を使った調理方法を今、調べています。

余談ですが、地産地消ってご存じですか？　最近よく聞くと思います。この地産地消がなぜ大切なのかご存じでしょうか。実は健康のためなんです。地産地消というのは、私たちの身近なところで生産されたものを食べることを言います。逆を言えば、私たちが食べるものを身近な地域で生産することを意味します。日本人が必要とする食料のうち、国内で自給できる量は約四十パーセントしかありません。

その他は外国からの輸入に頼っています。

今後、世界の人口が増え続けていけば、いつまでも輸入に頼っていくことはできなくなります。また海外から輸入される農作物の中には農薬が残っていたり、遺伝子組み替えによる作物など、どうやってつくられたかわからなかったりするものもあります。

地元でとれる農作物は私たちと同じ水と空気で育ちます。私たちが住んでいる土地には、その風土や環境に合った作物や果物が育ちます。私たちの体と同じ水と空気で育った農作物を食べることは体にも優しいです。どこでどういうふうにつくられたかわからない農作物より、県内でつくられたもののほうが安心して食べることができます。宮城県はきれいな水と空気、大地に恵まれています。また宮城は朝と夜の気温の差が大きいですから、ここでつくられる野菜や果物というのは、光合成でつくられた栄養分がぎゅっと詰まっていて栄養満点です。

そしてやっぱりとれたてというのが一番ですね。遠くから時間をかけて運ばれてきたものより、県内でとれた野菜や果物のほうが新鮮、だからおいしいのです。宮城県でつくられる農作物を食べることはおいしいことはもちろん、私たちが健康でいるうえでも大事なことです。だから地産地消というのが大切です。

話を戻しますね。青根温泉の目に効く温泉の特長として、一つ目がメタホウ酸の温泉成分、二つ目にフィトンチッド効果といって森林浴、三つ目が温泉地に来たという癒しが与えられる転地効果、四つ目が地産地消を意識した食材の提供、そして最後の五つ目、青根温泉は片目を失った独眼竜政宗公の伊達藩の保養所として選ばれた温泉地です。この五つが青根温泉の特長となっております。

青根のおいしい水

青根温泉のおいしい水について一言お話します。古くから沢水により確保してきましたが、水源を二系統保有しておりまして、不動沢《ふどうざわ》湧水と川音川《かわどがわ》伏流水があります。いずれも水量水質ともに安定しており、浄化方法は消毒のみです。平成八年度、クリプトストロジウム暫定対策指針により、平成十六年度より濾過《ろか》設備の整備を行いました。濾過方法は滅菌のみで飲用可能な極めて正常な浄水レベルの原水です。

青根温泉の一般家庭はもちろん、旅館の水道水も飲料可能です。というか、おいしいんです、青根の水。私、コンビニで初めて水を販売しているのを見たときに衝撃を受けました。水って買って飲むの？　と。海外に行った時は水を買いますけれども、水を買って飲むという習慣がなく私は育ってきたものですからすごく驚きました。

最近では、今に限らずなんですが、お客様がペットボトルに水を入れて持ち帰られる方も非常に増えています。それだけ青根の水はおいしいのです。先日、何度か利用いただいているリピーターのお客様が「お水をいただいていってもいいですか」と帰り際におっしゃるので、「もちろん、どうぞお持ちください」と返事をしましたら、車を玄関に横付けするんですね。そしてトランクを開けると、何とポリタンクが十本ぐらい出てきまして、さすがに私も驚きましたが、もちろんお手伝いをしてお水を汲んで差し上げたのですけど、それだけ青根の水というのはすごくおいしいんです。

青根の自然のすばらしさ

先日、青根の魅力を三十分、話してくださいという講演依頼がありました。温泉の泉質のよさは伝えられますが、青根の魅力って考えた時に、案外すぐ出てこなかったんです。私、青根で生まれて青根で育ったものですから、青根温泉の良さというのは当たり前に育ってきたんですよね。

そこでスタッフに聞いたんです。「青根の魅力って何？」と聞いたところ、静かなところ、野生の動物がいる、星がきれい、水がうまい、空気がおいしいところ、いろいろ続々出てきましたが、これからの季節、雪が降る露天風呂、誰も入っていない露天風呂、目をつぶりますと、雪がしんしんと降っている音が聞こえます。あるお客様は「虫が飛ぶ音が聞こえてきたよ」とおっしゃった方もいました。

それだけ青根というのはとても静かなのです。私もいろんな温泉地に泊まりに行きますが、夜、電気を消して目をつぶると、人の声だったり、車の音、時にはパトカーのサイレンの音が聞こえて安らぎに行ったのに全然安らげないという経験もあります。青根はそういうのがまったくないので本当に静かに休めると思います。

また朝は自然の鳥の声で目覚めます。ものすごいんです、鳥の声が。ただ残念ながら時間設定ができないんですよね。鳥さん、季節によって朝早くに鳴いているものですから、タイマー設定があれば完璧だななんて思っています。

また天気のよい日には、満天の星空が見えます。住んでいる私でさえ、夜、星空を見て感動するんです。電柱や街灯がないので真っ暗ですけれども、だからこそ星空がすごくきれいに見えるんです。とらえられるのではないかなというぐらい星がすごく近くに見えるんですね。ぜひこれから冬、空気の澄んでいる季節がとても星がきれいに見えるので、一度来ていただきたいなと思います。

また夏にはホタルも見られます。流辿の近く、歩いて十分かからないくらいの場所に沢がありますが、そちらではゲンジボタルが大体六月の中旬から七月初めにかけて見られます。

流辿の歩み

続きまして、私の紹介をさせていただきます。開湯四百八十年余り、歴史ある青根温泉で私の両親は屋台を引いて団子を売って生計を立てていました。私は三人兄弟の長女として生まれ、物心ついた時には幼いながらも家計の貧しさに気づいていました。父は事業を始めてはことごとく失敗して多額の借金だけが残り、背水の陣の思いで始めたのが自宅を改装した八室のみの小さな旅館でした。昭和六十年の春です。

歴史ある温泉地で始めた無名の旅館、当然、お客様もいらっしゃるわけもなく、時折訪れる父の友人たちのおかげで細々と営むことができました。お金はなかったかもしれません

露天風呂つき客室

が、私は両親からたくさんの愛情をもらって育ちました。

平成十五年の秋、OLをしていた私に父から一本の電話がありました。競売物件の旅館を買うから手伝ってほしいと。そこから私の女将業が始まりました。まったく経験のなかった私は勤めていた会社を退社し、秋保温泉の大手の旅館に研修に行かせていただきました。修行です。三ヶ月間休みなし、給料なし、早朝から深夜まで必死に学び必死に働きました。当時、二十六歳の経験の少ない私でしたけれども、八室の宿から二十三室の旅館経営へと変わるわけですから、本気で取り組まなければ明るい未来はないと思いました。

老舗旅館が軒を連ねる中で辛い思いもたくさんありましたけれども徐々にお客様も増え、十年たった今（二〇一三年）では売り上げも十倍に伸びました。三年前に新築で全七室、露天風呂つき客室の観山聴月をオープンし、東日本大震災を機に初代旅館を閉館し、現在は二つの旅館と一軒のレストランを経営し、売り上げを順調に伸ばしております。

しかし今日に至るまでは決して平坦な道のりではありませんでした。社員の努力と関係業者様の協力なしでは今の弊社はありません。旅館業というのは二十四時間の商売です。労働時間も長く給与も薄い。社員の定着率も低く、雇用に関しては今もですが苦労しております。企業は人なりと申しますが、働く社員が夢と誇りを持って働ける企業にしたいと本気で悩み本気で考えました。

そして気づいたのです。理念ありきということ。今、そしてこれからも成長し続けるために私たちが最も大切にしている理念についてご紹介したいと思います。

女性専用露天風呂

その前に我が社の社名、株式会社坊源《ぼうげん》と申しまして、この社名の由来なんですが、もともと父は学生時代、スキーの国体選手でした。スキーというのは、ボーゲン、ハの字で曲がる滑り方があるんですけれども、スキーはこのボーゲンから習います。何事も初心を忘るべからずという意味で社名を坊源にしたのです。そんな父が母に送ったラブレターがありまして、皆さんの手元に本日、チラシとパンフレットを配らせていただきました。

こちらのチラシ、ぜひごらんください。ちょうど右上に妻へのラブレターというのがあります。著作権をまったく無視してこうやって記載させていただいたんですけれども、ちょっと読

女性専用露天風呂「青根の湯」

ませていただきますね。父が母に送ったものです。

「妻へのラブレター。私のお嫁さんになっていただいて三十年が過ぎましたね。青根で生まれ青根で育ち六十五年が過ぎました。その半生を最愛のあなたとともに苦しみも悲しみも同じ季節を共有できたことが大変嬉しく感謝の気持ちでいっぱいです。私の愛と感謝の思いを形にしたく、あなたのためにつくった青根の湯は女性専用露天風呂にしました。平成二十年六月十日、あなたの五十五歳の誕生日に完成させました。気に入ってもらえましたでしょうか。限りある人生、変わりゆく季節の中で最後まで僕の隣にいてください。愛する光子女将へ、主人玖仁陽。二人三脚でここまでやってきました。この思いがお客様と共有できればこの上ない幸せです」。

ちょうどこのチラシの下にありますこの露天風呂ですね、こちらが女性専用露天風呂「青根の湯」となっています。

冬期間は閉鎖しているんですけれども、よく男性のお客様から「この女性専用の露天風呂に僕も入りたいんだけれども」というお話を結構いただきます。「旅館によっては男性と女性のお風呂を時間によって交代にして入れるところもあるんだ。せっかくだから流汕さんも交換したらいいんじゃないか」と言われるんですけれども、何せ私の父、大変ヤキモチやきなものですから、「母のためにつくった露天風呂、よその男は入れん」ということで断固としてここは女性専用の露天風呂のままで残っております。

経営理念について

話を戻しますね。理念ということで、我が社ではこのように理念や行動指針を記載したものを小さなブックにしています。この中には我が社のあるべき姿、目指すもの、ベクトルがすべて記されています。そのうちのこちらをすべて紹介させていただきます。企業が正しいと信じる基本原則つまり社是です。

わが社の社是は「三方《さんぽう》よし。社員よし、お客様よし、取引先・地域社会よし」。我が社の都合だけで商いをするのではなく、働く社員がやりがい、働きがいを持ち、お客様が心の底から満足し、さらに商いを通じて取引先、地域社会に貢献し、創意工夫を重ね成長し続けることが我が社の目的、つまり永続につながると信じています。企業の目的は永続です。継続してこそ企業は社会的責任を果たします。

経営理念は、社会性、科学性、人間性の三つに区分されています。我が社の経営理念の社会性とは、我が社の使命です。「私たちは和の心で愛が溢れる郷土をつくります」。意味を申しますと、日本の温泉文化、湯治文化を大切に共存共栄の心で人と人とが心触れ合う郷土をつくり、地域の活性化に貢献します。

続いて科学性。今後、我が社が成長発展し続けるために「私たちは湯花を育み、癒しと感動を提供し続けます」、「私たちは大地の恵みに感謝し、温泉や食材、自然、青根の効能豊かな泉質を生かし、歴史と文化を受け継ぎ守り、郷土の魅力を生かし発展させ、ここに来なければ得られない価値を創造し、癒しと感動を提供し続けます」。

そして最後に人間性、会社というのは他人同士の集まりです。年齢、性別も違えば育った環境も違います。同じ目標を目指す仲間としての理念が人間性です。「私たちは初心を忘れずともに学び支え合い挑戦し続けます」。

創業の精神、入社の動機、郷土愛を忘れることのないよう誠実を胸に刻み、支え合い挑戦し続ける集団を目指していきます。

尊敬する経営者

経営理念のほかに企業理念というのもあります。継続的に事業を発展させるためのものですけれども、我が社の経営理念は「動機善なりや、私心なかりしか」という言葉になります。これは私が尊敬します京セラの名誉会長でもありＪＡＬの再生を見事果たした稲盛和夫さんの言葉を引用させていただきました。

私は、稲盛さんが塾長を務める盛和塾に所属していまして、そこで経営を学ばせていただいております。新しい事業を展開する場合など、自分の動機の善悪を判断する基準です。動機善なりやの善というのは、普遍的によいこと。普遍的とは誰から見てもそうだということ。自分の利益や都合や格好などだけで物事は全うできるものではない。その動機が自他ともに受け入れられるものでなければならないと教わりました。

ちょうど先月、稲盛さんの市民フォーラムがあり、行かれた方っていますか？　十月一日、仙台のサンプラザでありました。当日は私も裏方としてお手伝いをさせていただいたんですが、実は稲盛さんが仙台にお越しになった際に空港までお迎えに行かせていただいたんですね。稲盛さんと同じ車に乗車させていただいて、もちろんほかに秘書の方もいたんですが、緊張のあまり、お話もロクにできず、私、実はそのときお茶を準備していったんです。空港からサンプラザに向かうのに時間がありましたので、せっかく仙台に来ていただいたわけですから、何か飲み物をと思って事前に事務局に確認をしまして、どんなお茶が好みなんでしょうかと聞いたら、伊藤園の「伊右衛門」を比較的好んで飲んでいますというお話を聞きました。最近、私も伊右衛門を飲むようになっているんですけれども。

伊右衛門のラベルのちょうど丸いところに茶と書いてあるんです。その中に私、稲盛さんの写真を張りましてお渡しししたら、ものすごく喜んでくれたんです。見えますでしょうかね。これはその時の写真なんですけれども、ちょうどお茶の茶という部分に稲盛さんと一緒に撮った写真がありましたので張りまして、伊右衛門とここに漢字で書いてあるので稲盛和夫と漢字に直しまして、パソコンでつくって、こちらのお茶をお渡ししたところ、大変喜んでいただきました。また空になったペットボトルを記念にということで持って帰っていただいたのには、すごく私も感動しました。これが私なりのおもてなしですね。

もう一つ、ここだけの話なんですけれども、私、もう一人尊敬している人がおりまして、今年、参議院議員になられました渡邉美樹さん、居酒屋チェーンで有名なワタミの会長さんです。私、ちょうど二年ぐらい前に仙台に来た時にご挨拶をさせていただく機会があったんです。私、すごく大ファンなものですから、何とかコネを使いまして渡邉美樹さんがワタミでお食事をされているというので、そこにご挨拶に伺わせていただきました。簡単に挨拶をさせていただいて、帰り際、秘書の方に一つお願いをしたんです。

その当時、まだ寒い季節だったんですね。すごい寒い季節で何かプレゼントをしたくて私、ホッカイロを持っていったんです。秘書の方に帰り際にこのホッカイロをジャケットのポケットに入れてくださいとお願いしたら、秘書の方も快くオーケーしてくださいまして、そのホッカイロに実はメッセージを書いたんです。寒い日が続きます。お体ご自愛くださいとか、尊敬しています、というような類のものを書いたと思うんですけれども。

その手書きのメッセージをお渡しすることができまして、選挙でこの間、渡邉さんが仙台にいらした際にまたご挨拶させていただいたら、ちょうど私の渡したホッカイロが、渡邉さん、地方に行くといろんなプレゼントをもらうそうなんです。そうしたら、渡邉さんがもらったおもしろグッズプレゼントコンテストというのが社内であったらしく、私のホッカイロが入賞したそうなんですね。社長室に飾ってあるというので私も非常に驚きまして、「あのホッカイロのおかげで女将さんのことはもちろん覚えているよ」ということで握手していただきました。おもてなしって本当に相手を思う心なんですよね。

経営理念の共有

ではこちらにちょっと戻りまして、最後に行動指針、我が社には行動指針というのがありまして心戒十訓《しんかいじゅっくん》、心の戒《いさ》め十カ条というのがあります。これも記載されています。ご紹介します。

行動指針、心戒十訓

1、人を大切にする人は人から大切にされる。
2、人間関係は相手の長所と付き合うものだ。
3、人は何をしてもらうかより、何が人にできるかが大切。
4、仕事では頭を使い、人間関係は心を使う。
5、挨拶はされるものではなく、するものである。
6、仕事は言われてするものではなく、探してするもの。
7、わかるだけが勉強ではない。できることが勉強だ。
8、美人より美心。
9、言葉で語るな、心で語れ。
10、よい人生はよい準備から始まる。

我が社では毎朝、ミーティングのときに経営理念と行動指針の唱和から始まります。そして外に出まして挨拶訓練というのを必ずするんですけれども、青根温泉じゅうに響き渡るぐらいの大きな声を出して挨拶訓練をします。そして最後は「今日も一日、お客様に喜ばれる仕事をしましょう」と言って全社員と握手をしてミーティングが終了します。

「三方よし」を目指して

お客様に喜ばれるために私たちは常に試行錯誤をしています。年々、記念日にお越しいただくお客様が非常に増えていまして、今、毎日が誕生日、結婚記念日、付き合って三ヶ月記念とか、中には実は今日、彼女にプロポーズをするんですというお客様もいらっしゃいます。当初は記念写真を撮ってお渡しする程度でしたが、今ではスタッフ自ら率先してものすごいパフォーマンスを披露します。

あえて詳しくは言いませんけれども、一つ申し上げるとすれば、窓の外に花火が上がります。百パーセントの確率でお客様は驚きます。アンケートの満足度は百二十パーセントを超えます。すべてはお客様の喜ぶ顔が見たい一心で自発的に行動しているんです。「今日は一生忘れられない日になりました」とお褒めいただけたのなら合格、私たち旅館は思い出を売るのが商売です。料理人は皿の上で料理を提供するのではなく皿の上に思いを載せて、配膳係はお客様のお腹を満たすことが仕事ではなく、お客様の心を満たすことが仕事です。

スタッフ同士のコミュニケーションとしては、当社はすごく社内行事が多いんですね。月に一度はお肉パーティーといいまして、賄いでお肉食べ放題というのがあります。あと年間行事としてはボーリング大会、バーベキュー、一泊忘年会、国外・国内の社員旅行、全館休館にして社員に思う存分楽しんでもらっています。また誕生月のスタッフはディナーに招待しています。料理はもちろん自社のお膳、お客様に提供する料理を食べたことがないというスタッフは、ほかの旅館なんかは結構多いんじゃないでしょうかね。もちろん我が社はお膳をいただきながら料理の提供スピードや見栄え、味付け、料理の配置に至るまで一つ一つが学びになっています。

スタッフの努力は賃金にも反映されます。一つは、お客様からいただいたアンケートに輝いていたスタッフという欄があります。そこに名前を書かれると一ポイントと百円。ドリンクや別注メニューに関してはサービス料を十パーセント頂戴しておりますので、それを全額社員に還元しています。人数で割って提供しています。だいたい月に一万円ぐらいになりますね。この制度によりスタッフのサービスレベルというのが上がりました。追加オーダーも増えて売り上げも上がりました。毎月の売り上げについても目標額を超えると報奨金が出ます。

続いて、社是にある三方よしの取引先、地域社会に対しての取り組みですが、青根温泉は川崎町にあるんですが、我が社では川崎町の許可をいただいて毎年、桜の木を青根温泉内に植樹しています。春になったら桜の花で真っ赤になったら、住んでいる人も、そして観光で訪れたお客様も癒されるのではないかと思い五年前から始めました。これは理念にある癒しと感動の提供から来ているものです。

そして地元取引先への会社訪問をしています。我が社の理念に和の心で愛の溢れる郷土をつくりますとあるので、この和というのは仲良くという意味もあらわします。生産者の思いをお客様に伝えるのがわが社の使命、そのためには生産工場や企業訪問は欠かせません。私の父がこんなことを言いました。輝いている人たちがいるところが観光地だよと。私たち一人一人が仕事に自信と誇りを持ち、輝きながら仕事をしていかなければ、どんなに外部環境を整えたとしても観光地にはなりません。

過疎化が進む青根温泉では、高齢者の人口比率が多いのが現状ですが、このお年寄りたちが築いてきた温泉地をもっと繁栄させたいという思いから、地区の老人ホームのお年寄りを年に一度、無料で招待しています。今年で五年目です。「今年も楽しみに来たよ」とシワシワの手で抱きしめられると本当に涙が出ます。

お年寄りの方々の笑顔が見たいと始めたこの招待でしたが、実は我々が一番恩恵を受けていることに気づきました。人から必要とされること、人から喜ばれることがやりがいにつながるということに気づいたんです。

地域のイベントには積極的に参加するようになりました。月に一度、温泉街のごみ拾いの実施、我が社の宿、観山聴月のお部屋はすべて青根温泉がある川崎町内の地名から名付けました。食事会場の個室には蔵王連峰の名前をつけました。私たちが働くこの大好きな場所を少しでもお客様に知ってもらいたいという思いからです。温泉という自然の恵みに感謝しながら、数ある温泉地の中で青根温泉を選んでいただいてお越しいただいたお客様、数ある旅館の中から当館を選んでお越しいただいたお客様に感謝しながら地元に愛される企業を目指していきます。

ネットでの高評価と誇り

流辿別邸観山聴月は、インターネットの予約サイトのじゃらんネットでオープンから現在に至るまで東北十室以下部門売れた宿ランキング三年連続第一位を受賞しております。三カ月単位で表彰される盾は、オープンから連続一位をいただいていまして、昨日、その盾を数えたら十五個目になっていました。社員の自信と誇りになっています。

しかし私たちは一番になりたいわけではないのです。一人のお客様にとってのオンリーワンになりたい。その思いでここまで来ました。もちろんこれからも現状に満足せず常に上を目指し改善、努力する次第です。

今年二月、先ほどご紹介いただきました二月二十日に開催されました第一回旅館甲子園では全国一位に輝きました。社員や取引先、地元住民の方のおかげです。おかげさまで今、いろんな取材をいただいております。特に社員には本当に感謝しています。

とはいっても弊社、誰でも働けるわけではないんですね。株式会社坊源が求める人材像というのが実はありまして、それは大卒でもなければ英語が話せることでもありません。スキルよりスタンスを重視しています。株式会社坊源が求める人材像は、目配り、気配り、心配りができる人。目配りとは、自分のことばかりではなく周囲にも目を向けられる余裕を持つこと。気配りとは、相手のことを考えて行動すること。心配りとは、協力しようとする気持ちを持つこと。この三つができる、というよりも、しようと心がけることができる人が人材の採用の最低条件となっております。

またちょっと余談なんですけれども、皆さん、おしゃれと身だしなみの違いってわかりますか。いいですね、ちょっと背筋が伸びた感じがしました。企業ブランドを守るのが身だしなみです。そして個人の好き嫌いやおしゃれ、個性も度が過ぎたり一歩間違えたりするとわがままになります。公の意識と私の意識、この区分をしっかりするようスタッフ教育をしております。

弊社にはインターネット事業部というのがありまして、平成二十年五月にオープンしました。知名度のない青根温泉、知名度のない温泉地を日本で一番知名度のある温泉地にするという熱い思いで立ち上げました。インターネットって全国、世界につながっていますから。楽天に出店しておりますお店の名前は「青根で会おうね」という名前ですので、ぜひ一度、検索してみてください。ふざけているわけではないです。真剣です。思いが詰まっている名前です。青根で会おうねというサイトがありますのでぜひ見てください。

こちらでは、ご購入いただきました商品とともに施設のパンフレット、タオルを同封させていただいています。一人でも多くのお客様に青根温泉に来てほしい、そんな思いを込めてタオルをプレゼントしています。今の宿泊産業はますます厳しいのが現状です。青根温泉に遠くて来られない方も、同封のタオルを見て「近場の温泉でも行ってみようか」なんて言いながら近場の温泉に行くことによって宿泊産業全体を活性化させたい、そんな思いを込めて商品購入者全員にタオルをプレゼントしています。

おもてなしについて

最後におもてなしの経営学ということで、おもてなしについてお話したいと思います。オリンピック、東京に決まりましたね。ＩＯＣでの滝川クリステルさんのプレゼンテーション、とても素晴らしかったです。おもてなし、わが社にはこのおもてなしに造語があります。漢字で書くんですけれども、この観山聰月のパンフレット、一回開いていただきますと、ちょうどこちらに東京ビッグサイトにて開催された旅館甲子園二〇一三でグランプリを獲得した「おもてなしで心に残るひとときを」ということで、漢字で書く「思手成し」、思うだけなら誰でもできます。我が社は思いを形にしようという発想で日々、おもてなしさせていただいています。「思う手で全てのことを成す」という意味でこの思手成しというのを漢字にしています。半年前に出願しましたこの漢字で書いた思手成しが、今年八月に無事商標登録されました。わが社でしか使えません。すごいタイミングだなと思いました。

この思手成し、ホスピタリティーについて少しお話させてください。ホスピタリティーは思いやりや心からのおもてなしという意味であることはご存じですよね。形や行動などで示すマナーは、相手に不快感を与えないための最低限のルール、そこに心が加わるとホスピタリティーになります。深い心地よさが加わることで信頼や信用、安心感が生まれます。

　ではサービスとホスピタリティーの違い、サービスの語源、ご存じの方いるかな。サービスの語源ってラテン語で奴隷という意味なのです。サービスは語源のとおり、サービスを受ける立場の主と、そしてサービスを提供する側は従うということで主従関係がはっきりしているといいます。万人が均一に受けられる対価、つまり差別のない状態がサービス。一方でホスピタリティーの語源は、ラテン語でホスピス、ホスピスとはがんなどの末期患者の身体的苦痛を軽減し、残された時間を充実して生きられる介護施設、お客様を温かくもてなすという意味です。これは対価を求めているものではなく、おもてなし、喜びを与えることに重きを置いている点が大きくサービスと違ってきます。

　ホスピタリティーにおいて重視されるのは人間性、心情、個性、感性などであり、報酬を求めての行動ではありません。我が社では、おもてなし、喜びを通じて報酬は結果として付いてくるという考えです。我が社は心のこもったおもてなしを提供し続ける会社でありたいと思っています。

　先ほどご紹介しました旅館甲子園、壇上に上がりましてプレゼンテーションをした映像になります。約十分くらいです。やっている取り組みなんかが載っていますので、ぜひ楽しんで見ていただきたいと思います。
（ビデオ）
　今、こうやって見ると、ああ、すごく楽しそうな会社だなと、自分の会社なんですけれども思ってしまいました（笑）。
以上です。長い時間、ご清聴ありがとうございました。

質疑応答

司　会　原様、大変ありがとうございました。これから皆さんから質問を受け付けまして、残った時間をより実りある時間にしたいと思います。

学生A　本日はお忙しい中、貴重なお話を聞かせていただいて、ありがとうございます。
　ＯＬをなさっていてそれをやめて温泉の経営をなさったということなんですが、そのときの心境といいますか、苦労とかを教えていただきたいです。

原女将　そうですね、私、今三十五歳なんですけれども、二十歳まで福島の短大に行っていまして、仙台に就職をして絶対田舎には戻りたくないという若い時代がありました。今でこそ青根はこんなに素晴らしい場所だと語れるんですけれども、当時の私は、やはり若かったんですね。キラキラしているところがいいなとすごく憧れを持っていまして、その中で五年、会社勤めをしていたんですけれども。
　家がもともと小さな旅館をやっていましたので土日、戻ってちょっと手伝いをする程度のことはやっていたんですけれども、父に家業を継いでほしいと言われた時に、家業を継ぐというよりも父が抱いた大きな夢、小さな旅館からもう一つ大きな旅館に変えるという大きな夢に私、たぶん魅了されたんだなと。この人というよりもこの夢に私も乗りたい、大きな方舟《はこぶね》みたいな感じですかね。その夢に乗りたいという思いで比較的迷いもなく、よし、じゃ自分は何ができるんだろう、自分だったらどんなことをしていかなきゃいけないんだろうって無我夢中でした。

教員A　特に印象に残ったのが三つ、プレートカードのような、社是から行動規範に至る体系的なあるべき姿の定義というところに非常に興味を持ちました。このカードをつくり上げていくプロセスというのは、どういうような感じだったのかをお聞きしたいんですけれども、差し支えない範囲内でお答えいただければ。

原女将　すごくいい質問ですね。ありがとうございます。私、二十六歳で家業を引き継いで本当に今まで無我夢中でやってきたの一言です。今年の旅館甲子園に出場するというのが去年の暮れに決まりまして、その頃から薄々と企業理念というのをいつか成文化しようという思いはあって、言葉には表現できるんだけれども文章としては残していなかったんです。

実はうちのブック、小さな理念がまとまっているものができたのは今年なんです。実はまだ出来立てホヤホヤなんですよ。わが社のスタッフ、社員も今、旅館甲子園のプレゼンで経営理念が出たと思います。お客様の幸せがあると。先ほど私が説明した経営理念とはまた違った文面なんですけれども、このもともとあったものをかみくだいて、三つの経営理念、社会性、科学性、人間性、もっとわかりやすく、そしてもっと具体的に示したものが今できている経営理念になっています。

私もいろんな勉強会に参加させていただくことがあって、本当に経営者って死ぬまで勉強だなとつくづく思っています。学生時代、勉強することがとても嫌で、新聞すら読んだことがなかった私が今、必死に勉強しています。でもそれって自分のことだけじゃないかなできることなんですよね。守るべきもの、今は社員やその家族や、もちろん会社や地域、守るべきものができて初めて学ばなきゃというよりも学んでいきたい、もっと成長していきたいというように思うようになりました。

今、こちらに来ている学生さんは三年生とか四年生とのことですが、恐らく就活はもう終わっている方がほとんどなのでしょうか。私、たくさんの人たちを面接させていただくことが非常に多いんですけれども、必ず聞くのは志望動機とかではないのです。決まったことを聞くのではなくて、「あなたがこの会社に入社したらどんな貢献ができますか」という質問を最後にするんです。

そうすると、だいたいみんなキョトンとするんですね。「お客様と喋るのが好きだからこの仕事をやりたい」とかとお言葉を決めて皆さん面接に来るんですけれども、会社に入ったからにはやはり貢献していかなきゃいけないんですよね。遊ぶ場所ではないし、学校でもありませんから。自分が入ったら何ができます、何をしていきたい、そういったものは一つ明確にして面接なり、あとはこれから社会に出た時にぜひそこを念頭に置いて仕事に取り組んでいただければ、もっともっと楽しい社会人生活ができるんではないかなと思います。

働くのは決して苦痛ではありません。お金を稼ぐためだけの仕事であってはとても寂しいかなと思います。人ってすごく素敵なものを持っていますから、自分の魂を磨くというんでしょうかね。もっともっと自分が成長できる場が社会だと思うので、社会に出た時に学生時代よりもぜひ謳歌してもらいたいなと思います。

学生B　お話の中で、思い出を売る仕事ですとか、そういう気持ち的なところが大きいと思ったんですけれども、それで人に喜んでもらうために一番重要なことについてお聞きしたいと思います。

原女将　人に喜んでもらうのに一番重要なこと。私が思うには、旅館というのは一人でできる仕事じゃないんですよね。裏方もいれば料理をつくる人、フロントスタッフ、布団を敷く、いろんな人がいるんですけれども、お客様に喜んでもらうために私がする仕事の役割というのは、社員にどう喜んでもらえるかということだと思っています。

これはよく私、言われることなんです。教わったことなんですけれども。社員の給料って誰からもらっているのというと、当然、お客様からとうちのスタッフは答えるんですよね。会社からと言わないんですよ。お客様から、会社は代行しているというような形で教育をするんです。では我々経営者、社長、我々の経営者は誰からもらっているのかと言われた時に、私は社員からもらっていると思っています。社員はお客様のために仕事をします。社員が働きがい、生きがいをどうやって持って働けるのかを考えるのが私の仕事だと思っています。

司　会　お話を伺って、お父様が経営を手がけられていて、お父様は非常に心の豊かな方だと感じ取らせていただきました。それを原様が経営を引き継がれた時には、経営の新しい要素もたくさん取り入れられていて、教科書になりそうなケースだと感じました。経営をバトンタッチされるときにどういう形だったのか、お聞きしたいと思います。

原女将　一言で言うと、今、まさに弊社も取り組んでいる最中なので、まだ全然でき上がっている段階ではなくて、本当にスタートラインに立てているのかなという段階なんですけれども、もともと父と母と数人の今もついてくれている従業員といった家族経営から、今でこそ企業経営とステップアップしている段階ですので、組織にしてもそうですし、経営的な部分も含めまして家計簿から経理に変わっていくという感じでしょうかね。今、本当にそういう段階です。弊社もまだまだ始まったばかりという感じです。

司　会　旅館、ホテルの老舗には、家族的な経営主体が多いという中で、それをより株式会社なり、会社経営へという組織的な運営のほうへ切り替えていくにあたって、皆さんご苦労されているし、いろんなお考えがあるということを感じました。ありがとうございます。

教員B　社是を作って経営理念を作って行動基準を作るというのは、大企業でも実施していて、大企業の場合は最初からまずトップでそういったものを定めて、それを組織全体に落とし込んでいくということをやるんですけれども、その結果がなかなか組織に浸透せずいろんな不祥事だとかを起こしてしまうということがあります。それと比べると、流辿さんではもともとあったものを、つまり暗黙的に組織に根差していたものをボトムアップする形で経営理念を作る、そして行動指針を作るということは、逆の方向からもアプローチができるということを勉強させていただきました。

もう一つがやはりゴーイングコンサーンとして企業が活動を行っていくとなると、やはりお客様の満足を高めて利益を上げていくということも大切だと思うんですけれども、企業はお客様と従業員だけじゃなくて、地域ですとか取引先からの、さまざまなステークホルダーから、信頼関係を築いて支え合いながらやっていかないといけないと思うんですが、地域社会とか、取引先との共同の取り組みですとか、そういったことで何かありましたら教えていただきたいです。

原女将　まず理念についてなんですけれども、やはり経営者の熱い思いが一番理念に来ると思います。私がこの理念を成文化する時にまず行ったのが、社員一人一人との面談でした。我が社は正社員が三十二名ですので、全員と面談してもさほど時間を要さなかったものですから、何のために働くのか、この会社じゃなきゃだめなのかというところから一人一人と話をして、「あなたにとって青根温泉って何?」と質問をしたら、全員一致したのが「第二の故郷です」という言葉が出たんですよね。そうした経緯で愛が溢れる郷土をつくるという理念の成文化にもなっているんですけれども。

教員B　地域社会、取引先と信頼関係を築くための取り組みについてはいかがですか?

原女将　青根温泉の人口は今九十三名です。本当に人口の少ない温泉地なのです。ですからどこに誰が住んでいるかがわかるんですよ。ここにいる学生さんはたぶん二百名近くいるんでしょうかね。青根の人口はその半分ぐらいしかいないんですね。川崎町の役場の方、行政とのおつきあいというのも、行政の人がどっちかというと巡回して回っているという感じで、すごく親近感があるんですよ。たぶん仙台市内とか大きい都市だとそういうのはないでしょうね。ですからどこどこさん家でどういうのが困っているというのがお茶飲みながら話をしてコミュニケーションがとれる、そういう風土があるので、あえて仰々しい場を作ってとか、もちろん区会とか、行政会議とかはあるんですけれども、そういったものよりも日々のコミュニケーションが比較的とれているのかなと。

お祭りごとがあれば、本当に地域みんな一緒になってやっていくのが青根温泉なので、本当にいい町だなと私は思っています。人口が少ないのが今の課題で、六十五歳以上が三十八パーセントを占めています。超高齢化社会、私はすごくいい場所だなと思うんですけれども、若者の地元離れが多いので、やはり旅館というのは人ありきの仕事ですので、地元の雇用はこれからどんどん増やしていきたいなと思っています。

司　会　今日のご講演はここまでとさせていただきます。本当にありがとうございました。

（拍手）

（講義日：二〇一三年一一月二八日　　編集担当：折橋伸哉）

第7章

四つの源泉を持つ湯治の宿のおもてなし

遊佐 千恵

旅館情報

姥乃湯

■所在地：宮城県大崎市鳴子町河原湯 65
■連絡先：0229（83）2314
■創業年：1638 年（寛永 15 年）
■客室数：20 室　　自炊部 16 室
■http://www.ubanoyu.com/

姥乃湯外観

鳴子温泉郷と姥乃湯

鳴子温泉にはいらしていただいたことがあると思いますが、川渡《かわたび》温泉、東鳴子温泉、今は御殿湯《ごてんゆ》とも言いますが、それに鳴子温泉、中山平温泉、鬼首《おにこうべ》温泉の五つの温泉地区で鳴子温泉郷を形成しております。

八三七年に片山の大爆発で、その歴史が始まったとされます。それぞれの地区で趣がすべて異なります。それぞれのお湯を楽しめるとして、若い方からお年寄りまで、また今は海外からの観光客にも親しまれています。鳴子温泉の最大の特徴は、日本にある十一種類の泉質のうち単純炭酸泉と放射能泉を除く九種類があることです。

また鳴子にはいろんな伝説があります。その中の一つに義経《よしつね》伝説があり、これが当館にすごく関係が深いので少しお話します。鎌倉の頼朝に追われて源義経が平泉を目指して落ちのびていった時のこと。

県境の亀割《かめわり》峠まで来た時に、同行していた北《きた》の方《かた》が産気づいてお産をしました。大変な難産でしたが、生まれた赤ん坊は男の子で亀若丸と名づけられました。翌日、峠を越えるとそこは陸奥の国。陸奥の国というのは、味方の国ですよね。川底から湧き出ている温泉を見つけて産湯に浸かると、安心した亀若丸が初めて産声を上げたそうです。鳴き子の里、これが鳴子の語源だと言われています。産声を上げたというので、鳴子となったという説があるのです。

その時に川底から湧き出していた温泉が、姥乃湯《うばのゆ》の元々の源泉と言われています。今なおこの源泉はこんこんと絶えることなく湧き出ています。パンフレットの表側を見てくださ い。姥乃湯の碑という、旅の安全を祈願する碑があります。この石は、源泉の湧き出ている岩の頭を祭っています。伝説として語られる亀若丸が産湯に浸かった川から湧き出た源泉と地下でつながっているんです。八百年前のお湯がそのまま湧き出ています。

ただ、うちの旅館は川のすぐそばにあったものですから、何回も洪水に遭っているんです。ダムができる昭和二十二年まで何回も洪水で流されて、歴史はすごく古いんですが、いろんなものが流され、建物が流され土砂に埋まり、その都度復興してきた。この源泉を探して建て直す。源泉が一つの目印になって復興を続けてきたのがうちの宿です。ダムが造られてからは一度も洪水とか水に浸かることはなかったですが、それまでは何度も何度もそれを繰り返してきました。

姥乃湯には源泉が四種類あります。重曹泉、単純泉、芒硝泉、硫黄泉です。それぞれ効能が違いますが、天然温泉百パーセントで、水も加えてないし温度も加えていません。源泉はかなり濃いです。

エピソードの一つとして、八年間全然ボールを投げられなかった三十歳ぐらいの方でしたが、お医者さんもどこが悪いかわからない。でも手も痺れているし、ワラにもすがる思いで湯治に来ました。治りますかと聞かれましたが、それはわかりませんので治るとは言えません。しかし温泉には相性というのがありまして、相性がぴたっと合うと、ものすごく改善することがあります。

その方はうちで約二週間湯治しているうちに、今まで上がらなかった腕が上がり、ボールを投げられるぐらいになりました。すごく感激して、会社を休んで来ていたのですが、もう少し完全に治してからということで、湯治を一ヶ月なさいました。完全に肩を回しても痛くないし、痺れもとれたということで、すごく喜んで帰られました。その後もちょくちょく温泉に入りに来られますが、完全に回復してよくなられるお客様もたくさんおります。

それから膝が痛くて階段を上れなかったのが、帰る頃には痛みが軽くなって、とんとんと階段を上り下りできるようになったというお客様もおられます。お客様からそんな話をうかがったり、喜ばれたりするのが、旅館をやっていて一番うれしいことです。

ゆったり温泉を楽しむためには、温泉の正しい入浴法を知ることが大切です。まずかけ湯をする。必ず足先からスタートして、胸から遠い順にかけ湯をしていきます。半身浴が二、三分で、浴槽の段差に腰掛けて体をお湯にならします。全身浴で肩までゆっくりとお湯に浸

姥乃湯の自炊部

かります。必ず休息をとっていただきます。浴槽から上がり、髪や体を洗い休憩をします。そして最後に半身浴、軽く汗ばむ程度に入浴を楽しみます。シャワーを浴びずに上がることで、温泉の成分が体についていますので効果が持続します。上がった後は脱水症状になりますので、必ず水分を補給してください。

旅籠と自炊湯治

姥乃湯では、旅籠《はたご》と自炊《じすい》という二つの形態で宿泊を提供しております。旅籠というのは一泊二食でお泊まりいただくこと。自炊湯治《とうじ》は素泊《すどま》りになります。お客様のご希望によって自炊湯治でもお食事を出すこともありますが、基本は素泊りです。

昔の湯治は一般庶民の娯楽ではありませんでした。お金持ちの商家の人たちが女中さんを連れて泊まりに来る。うちは湯治宿として始まりました。五十室ありました。その中で髪結《かみゆ》いさん、今のパーマ屋さんとか床屋さんですが、その人が岡持《おかもち》に道具を入れて、五十室の部屋まわりをして、その人たちの髪を結ったり、床屋をしたりして生計を立てていたそうです。だから一つ宿の五十室の中で商売が成り立っていたということなんです。売り屋さんなんかも、一つずつ部屋を回って商売していたということです。その当時は、番頭さん、接待さんは給料が出ませんでした。お客様からのチップだけで生計を立てていました。

時代とともに宿泊の形態が変わり、今では自炊湯治は庶民のものになっています。自炊所にいらっしゃるお客さんは、毎年同じような時期にお土産を持って泊まりに来られます。これも普通の一泊二食のお客さんとは少し違うところですが、浜の人は昆布とかワカメをお土産に持ってくる。農家の人はその季節にとれたホウレンソウとか大根をお土産に持ってきます。

湯治の場合、来られるお客様は毎年同じような時期に同じ部屋にお泊まりになります。「何号室ください」「何号室とってけたべね」とか、そういう感じでお越しになります。もしその部屋に別な方を入れていたりすると大変です。「オレの部屋なしてないんだ」と。毎年同じ部屋に来ることがその人たちのステータスなんです。もう決まっているんです。一年の行事にちゃんと組み込まれているのが湯治ということなんでしょうね。

湯治自炊では平均で二週間ぐらい泊まっていかれます。長い人だと一ヶ月です。親子三代、四代で、その親が来て子供が来て孫が来てと、そういう感じでつながっています。でもいつもの時期に来ないお客さんがいると、あれどうしたのかなって心配になります。具合悪くしたりとか、あと亡くなったりする方もいらっしゃるから。もう家族みたいになっている。毎年来るお客様は私たちのことも家族だと思ってくれている。そういうのが湯治の宿です。

今では安い料金で泊まれるということで、若い人たちにキャンプ代わりの素泊りとして、また外国のお客様にも自炊の宿泊をご利用いただいております。

女将の仕事

私は東北学院大学の卒業生です。ずいぶん古い話になりますが昭和五十一年の卒業です。去年還暦を迎えましたので今年（二〇一四年）で六十一歳になります。三月に大学を卒業して、十二月に縁あって姥乃湯に嫁ぎました。だから世間をまったく知らず、何も知らずに旅館の女将になってしまった。自分で何かを選ぶことがなかったということが、今考えるとちょっと残念です。もし人生がやり直しできるなら、旅館の女将を選ばなかったかなと思います。旅館の女将って大変で、三百六十五日二十四時間気が休まらない。

女将として最も大変なことは、旅館の規模によっても違ってくると思いますが、姥乃湯は大きな旅館やホテルではないので、私の仕事は多方面にわたります。私はお料理も作っております。お料理は接待さんが出しますが、忙しいと事務所の予約から会計から、売店が忙しければ売店の売り子もやります。それからお客様のクレームにも対応します。お客様から文句を言われればお話をうかがって対応します。

従業員をつかうことも女将の大変な仕事です。これまで事務員はずっと女の人を雇っていましたが、すごく生きのいい男の事務員さんを雇いました。その事務員さん一人と、番頭さん一人、接待さん二人、下番さん一人、それから息子と嫁です。従業員の数は少ないですが、それでも人間関係がうまくいかなくて、出勤してこなかったり、それをうまくなだめて戻したり、そういったことも女将の仕事です。

精神的にも大変です。御飯を食べていても、物音がすると「誰か来たんじゃないか」とか。それから夜も夜警がいないので、主人と私が夜警代わりです。寝るのは午前二時頃で、私は六時に起きます。四時間の睡眠で昼寝はできません。三百六十五日休みもありません。息子には「休み取ればいいべや」と言われるんですが、「だって代わり誰がやるの?」と言うと、息子は自分がやるとは言いません。結局「じゃ休めないんじゃん」と言うと「だって休めばいいべや」という感じになります。

丈夫な体に生んでくれた母親には本当に感謝しています。六十歳を超えてそれなりに悪いところはありますが、寝込むようなことがなく現在に至っております。旅館の女将は、体が丈夫でないとできません。大きい規模の旅館やホテルの女将さんも友達にたくさんいますが、私とは違う苦労を皆さん抱えております。一般的に言って旅館の女将は大変な仕事だと思います。

おもてなしと旅館経営

おもてなしについてあまり深く考えたことはないですが、お客様が当館に泊まりに来て「ああ、泊まっていがったな（良かったな）」って思われること。そんな気持ちで帰っていただけるお客様がいることを、すごくうれしく感じます。お客様が入ってきた時に、規模が小さいので時々フロントが空になったりすることもあります。できるだけ空にしないでしっかりお出迎えをする。それからお客様が何か不便を感じたり、何か抜け落ちていたことがあったりした時に、すぐ対応できるようにする。お客様を優先し、お客様の要望にすぐに応える。そういうことが私が思うおもてなしです。

それから皆さんの普段の生活がものすごく良くなっています。私たち旅館やホテルがそれについていって、豪華さを追求していくことは経済的に大変です。その中で自分の旅館の独特な部分、つまり豪華さとかお金をかけるというところではない、癒しとか、できるだけお話をするとか、そういった面で対応しなくてはいけないと話しています。高級化していくと際限がない。私たちのような小さい旅館がどのように皆さまの期待に応えられるか。やはり気持ちを込めておもてなしをすること以外にないと最近は考えております。

収容人員は旅籠というか一泊二食のほうで六十九名、自炊部のほうで四十八名、合計すると百十七名です。もちろんそれだけの人数は目一杯に入れられない。ゆったり入れないと、クレームがきます。自炊部の方は、最近は土日に一泊の自炊で満室になります。湯治が見直

硫黄泉

単純泉

重曹泉・露天風呂

されていて、もちろん安いからだと思いますが、若い人たち、バックパッカーの人たちに、ご利用いただいています。

一軒の旅館で四つの源泉を持っているのは非常に珍しいとお客様から言われます。しかも硫黄泉は真っ白、単純泉は茶褐色の鉄分が入っています。それから重曹泉は少しぬるっとしているし、芒硝泉は無色透明です。そういった四つの温泉が一軒で楽しめるというのを最大の売りにしております。

自炊の長期宿泊のお客様が一時期すごく減って、自炊部をやめようかと考えたこともありました。先ほども言いましたが、最近になって自炊の需要がすごく増えています。短泊なので昔とは違う形態ですが、それをどのように組織化していくか。昔ながらの湯治宿なのですが、どのようにして今の流れに対応していったら良いかを模索しています。一泊二食の旅籠についても、本当は鳴子温泉の中に食べる所があれば、私たちは朝食つきだけの泊食分離をやり

芒硝泉

たいと思っています。

鳴子には食べるところが非常に少ない。旅館とホテルがあるため飲食できる場所があまり発展せず、居酒屋的なところしかありません。そういう泊食分離のできる街づくりをやっていくと、人件費も抑えられるようになるし、宿で朝食だけ出して泊まっていただくというのが本当は理想です。宿泊客に街の中に出ていただく方法はないかと考えています。でも私たちの代でそれができるかというと、少し難しいと思っています。それを次世代に課題として投げて、徐々にそうした街づくりをしていった方がお互いにとって良いのではないかと考えています。

インターネットの影響

宿泊の形態がすごく変化したのは、インターネットの影響があります。インターネットというのは顔を見ないで予約をして、あくまでも一方的なので、ご返事をしたくてもメールでしかできない。会話をすることもない。すごく寂しいと思いますが、八十パーセントがインターネットの予約に変わりつつあります。電話で予約してくださるお客様はすごく少なくなりました。

電話でいろいろ質問していただいたり、こちらからお伝えしたいこともあったりしますので、本当は電話で予約していただくと宿との関係もまた違ってくると思います。足が悪い方なども事前にネットには書いていただけないですね。電話でお話をいただければ、一階の部屋をご用意できます。あとお年寄りの方だとトイレが近いので、トイレのそばが良いと言われます。トイレつきの部屋もありますが、つきでない部屋もありますので。だからお客さんと直にお話できれば、そのお客さんが求めていることがわかりますが、ネットだと一定のことしか書いてない。

それから電話で予約すると、もっとお安いプランもあるんですよね。プラン的にはネットでも安いのを出してはいますが、それでも例えば今日は暇だから少し料金を下げようということもあります。だから私はいろいろな意味で電話での予約の方がいいんじゃないかと思います。ただうちはファクス、電話、携帯でも予約が入ってきますが、ほとんどがインターネット予約になっています。

インバウンドへの対応ですが、Booking.com、それからＨＩＳの外人向けのサイトに出しているので、そちらから入ってきます。来られる外国人の方たちはすごくいい人たちで、日本人みたいに文句は言わないし、そんなにクレームも出ません。ただ外国の方ってすごく時間にルーズです。夜九時に来るって書いてあるのに、夜中の一時に来たことがあって、もう来ないんじゃないかって。連絡も取れない。いちおう電話番号は書いてありますが、つながらない。Booking.com の人たちが中間に入っていろいろやってくださいますが、それでも連絡がつかない。いちおう予約を受けているので、とにかく待っていないといけない。来るまで待っています。

それで連絡が取れれば何時頃に来るとかメールも入れてくれますが、英語圏で英語の得意な人のメールだと良いのですが、あまり英語が得意でない人たちだと何が書いてあるのかさっぱりわからない。この間もフランスの方でしたが、首都高速を下りたばかりだというメールでした。それが二十三時半なので、「首都高速を二十三時半に下りたら、ここに来るのは一体何時になるだろう。どうしよう、一晩中起きてないといけないのか」と思ったりして。実は「首都高速を下りてからどうのこうの」と書いてあったみたいなのですが、支離滅裂でよく理解できなかった。だからBooking.com の人に「もう一回連絡取ってください」とお願いしたら、二十四時頃にいらしてほっとしました。外国人を受け入れるのは大変だと、最近改めて感じています。

震災前には韓国とか台湾とか中国の方とかが圧倒的に多かった。ところが東日本大震災を境に、二年ぐらい外国人は来なくなりました。最近になって、タイ、それからスリランカ、インドネシア、台湾の人がよくいらっしゃいます。

東日本大震災の影響

三月十一日の大震災によって自炊部も大きく変わりました。お客様として自炊湯治に来てくれていたのは、南三陸、女川、石巻、東松島、気仙沼など沿岸部の人たちが多かったからです。でも地震があった当時はその安否さえもわからない。

お客さんも来なくなりました。もちろん被災されたのだと思いますが、宿帳には固定電話の記録しかないので、連絡することができませんでした。来てくださっていたお客様が無事かどうか、すごく心配しました。その後は少しずつですが、別な人からこっちの人は無事だよとか、電話番号を聞いたりして、何とか電話で連絡できるようになりました。お客様も少しずつ戻ってきてはおりますが、地震の前のような感じではないです。

鳴子は震度六弱の揺れであったにもかかわらず、幸い地盤が硬いため大きな被害はなく、被災した沿岸部の女川とか南三陸、気仙沼の人たちを約五、六ヶ月間受け入れました。深く傷ついた人たちだったので最初は口数もすごく少なく、同じ地域の人たちをお部屋にお入れしましたが、同じ地域でも知らない人たち同士です。一人ずつのお部屋に入れるには部屋数が少ないので、二人とか三人で、女の人はなるべく気の合う人同士で一緒のお部屋に入っていただきました。でも何かうまくいかない。来てくれたお客様は、最初は体育館の板の間で寝ていたので、畳の部屋で寝られること、それから三度の食事を心配なくて食べられることが、すごくありがたいと感謝されました。

私たちは結局そういう方々に何もしてあげることはできませんでした。日常がなくなった方たちです。皆さんすごく大変な思いをしたと思います。その日常を再現できるよう心がけました。朝起きて散歩をして、朝食を食べて、鳴子から職場に出かける人もいました。そして、ただいまと帰ってきて、夕食を食べてテレビを見て、温泉に入って床につく。こんな日常がとっても当たり前でありがたいと言われました。数ヶ月も滞在していたので、徐々に笑顔が戻ってきました。家族を亡くされた方、とても恐ろしい目に遭われた方も、そのことを少しずつお話されるようになってきました。

私も実家は石巻です。石巻も被害がすごくて妹夫婦が亡くなりました。妹の旦那である義理の弟はいまだに遺体が上がっておりません。だから私も人ごとではなかった。実家も半分水に浸かり、実家の母は鳴子の方で私がしばらく面倒を見ました。お泊まりいただいたのは気仙沼の人たちが多かったんですが、その心の痛みというのを私はよく理解できたつもりでしたので、いろんな人とお話をしました。話を聞いてあげることが彼らの癒しになると考えたからです。できるだけいろんなお話を黙って聞いてあげて、そうなの、そうなのと。返事は何もできないけど、聞いてあげること、それが私にできる唯一の心配りだったと思います。

被災した方々は被災した時のことを思い出したがらない。逃げる時に手をつないでいた自分の母親が波にのまれて、気づいた時には握っていた手が離れていたと言うんです。そしてその温もりがまだ手に残っていて、そう言いながら涙ぐんでいる。何で手を離したんだろう、すごく後悔しているという話をしておられました。

震災の数日後に石巻に行ったときのことですが、遠くの方に何か畑のうねみたいに見える所があったんですよね。「あれは何ですか」と聞いたら、遺体を包んで置いてあるとのこと。それを順番に焼いていかなければいけない。置き場所がないので、ビニールシートをかけて置いていたというんですよね。遠くから見たんですけど、すごく胸が痛かった。こんなにたくさんの人が亡くなったんだと。妹の遺体は上がったんですが、次の年の十月まで行方不明のままわかりませんでした。DNA鑑定がありまして、うちの母と兄のDNA鑑定で妹だとわかったんです。遺体というときれいなのを皆さん想像します。妹の遺体は違うんです。手も足もなかったそうです。私は見に行きませんでした。母も見ないように言われたんだけれども、「娘の姿だから見る」と言って八十五歳の母は見に行きました。もう言葉にならなかったと言っておりました。遺体といっても首がついているだけいいんだよと言われたそうです。それだけ悲惨で残酷なものだって。地震とか津波というのは本当に恐ろしいというのは、その話からもわかると思うんです。

被害者の皆さんはその後は当館を出て仮設住宅に移られたんですけど、その仮設の近い人たちが誘い合って、三、四人ですけれども来てくださいました。仮設といっても遠い人は岩手とか青森に行かれた方もおられたようです。気仙沼で被災しているのに、かなり遠い仮設に行かれた方もいらっしゃるようです。気仙沼の仮設に入られた方たちがたまに来てくださり、「被災した時と同じようにして」と言われるんです。毎日、同じ人たちが一緒に食べるので、テーブルを置いて、はし立てにはしを入れ、そしていろんなお茶を置いて、そうやって毎日対応していました。その時と同じようにしたいと言われました。皆さん思い出の一つになっているのかなと思います。

鳴子温泉の女性たち

ちょっと話は変わりますが、私は、鳴子温泉旅館組合の女性委員会の初代委員長になっております。この東日本大震災の前に宮城内陸地震という栗原の方で大きな地震があったことを覚えていらっしゃいますか？　あの時、鳴子温泉は大した被害はなかったんです。隣町の栗原の被害がひどかったので、鳴子は大丈夫と言うのは控えないといけない。ただ風評被害があってお客さんが激減したんです。どうにかしないといけない。どうしたらいいんだろうと。すぐ後に宮城県で初めてのデスティネーションキャンペーンというJRのキャンペーンが控えていて、このままでデスティネーションキャンペーンを迎えたら鳴子はどうなる、とものすごい不安がありました。そんな中で私たち女将というのは家の中を守るだけで、ほとんど外の世界に出ることがなかった。鳴子は特に男社会で女の人の役員さんは一人もいなかったんです。

お客様を迎える時にやっぱり女の人の意見を入れなければいけないという動きと、それから男の人たちが何とかしてほしいと思ったのでしょうか、女性委員会を立ち上げるということになり、私たち女将が集められました。何をしたらいいのか私たちはわからないし、どうしていいのかもわからないですけど、とにかく立ち上げろと。お茶飲みしながら鳴子の将来のお話をすればいいんだよと組合長から言われたので、私は軽い気持ちで女性委員会の委員長を引き受けました。

ところがこれが大変な重責だった。鳴子のために本当に何かしなければいけないという雰囲気になってきて、女将たちはいろいろと考えていろんなチャレンジをしました。まずできることからやっていこう。できないことを言っても仕方がない。旅館組合の男の方たちは机上の計画といいますか、こうしてああして、予算がいくら出るからこれをしよう、そういった考え方をするんですよね。ところが私たち女将はいま目の前にあることがすぐにしなくてはいけないことなので、考えている暇はないし、お金がないと言われても何とかなると言って強引にいろいろなことを進めました。

ただいろいろとメディアに出過ぎたので「出るメディアを選べ」みたいなことを言われました。できるだけ多くのメディアに出て、鳴子温泉って出れば鳴子温泉の宣伝になる。好きで出ているわけじゃない。私たちが客寄せパンダに徹すると言っているのに、なぜそういうことを言うのと。

いろいろなプロジェクトを立ち上げて実行する段も整えました。でも私たちがそれらを全部抱え込むわけにはいかない。本業のお仕事もあります。だからやってくれるところにそれを振っていくわけです。後は独り歩きしてもらう。私たちがそれらを全部抱えて、主体的にやっていくのは不可能です。今は作ってうまく動くまでは私たちが主導し、その後はやってくれる人にうまく引き継いでいくというやり方になっています。

鳴子の街づくり

　まず駅ですね。鳴子の駅にはすり鉢状になった小さいホールのような所があって、そこに円形の木の椅子が置いてあるのですが、何か寒々としていた。観光地の駅なのに寒々としている。ではまずそこに座布団をつくろうということになり、私たち女将の手づくりの座布団を置くことにしました。買えば安く買えるんです。でもそうじゃなくて、私たちが着物の端切れとかで作ってパンヤを詰めてカラフルな色違いの座布団を置きました。観光客の人たちはそれが手づくりだとわかりますのですごく喜んでくださって、それを皮切りに街づくりを始めました。

鳴子温泉駅に置かれた女将の手作り座布団

　私たちがそうやって動き出したら、今度は商店のおかみさんたちが何かお手伝いすることはないのと言ってくださいました。街づくりは旅館だけではできない。商店とか飲食店の方とか、そういったいろいろな方々に一緒にやっていただかないと街づくりはできません。それで商店のおかみさんたちも交えて街づくりを始めました。

鳴子には観光ボランティアがありませんでした。あれだけの温泉地であるにもかかわらず、おかしなことにボランティアが立ち上がっていなかった。個人で観光案内をしていた年をとられた方がいたので、「観光ボランティアを立ち上げたいのでお手伝いしてください」と私たち女性部会からお願いしました。そしたら仲間を二十名集めてくださいました。いろんな方がおられ、説明できる人もできない人もいました。説明できる三、四名の方はお客様を連れて鳴子峡とか、さまざまな距離を決めて観光ボランティアを始めました。その会長さんになってくださったのが、もうお亡くなりになりましたが、八十歳になる元町会議員をやっていた方でした。毎日四キロのコースを二回歩くという元気のいい方で、鳴子の歴史にもすごく精通しておられ、ボランティアを盛り上げるのをいろいろ手伝ってくださいました。駅の中にデッドスペースがありました。駅長さんに聞いたらそのスペースをお金儲けに使うのはダメと言われたので、図書室を作らせて欲しいとお願いしました。いいということだったので、私たち女将と町の人たちみんなでいろいろ持ち寄り、あと廃校になった学校から椅子や机を持ってきたり、そこにカバーをかぶせたり、あと手の器用な人は本棚を作ったりして、図書館兼休息所を作りました。そこを「喜観舎《きかんしゃ》」と名づけて、観光案内があまり得意でない方たちはそこでお客様にお茶をお出しすることにしました。

それから今こちらに出ている（スライド）のが新澤酒造さんと一緒に作った「おかみの梅

酒」です。地震で蔵がみんな倒壊して、今は川崎の方に移られたんですが、元々は三本木にありました。地元の酒屋さんなので、「女将さんたちのために何かしたいんですが、何か役に立つことはないですか」とお話をいただきました。そして梅酒、「女将さんたちで手づくりの梅酒をつくってみたらどうですか」というご提案がありました。

早速、そのお話を実現しようということになり、私たちは「おかみの梅酒」作りに取りかかりました。これは本当に私たちは手づくりなんです。梅の花が咲いたら花見から始めるんです。ドラマのようなストーリーがないといけないと言われました。花見をしお抹茶を立てる。農園の梅の花を見に来るお客さんにお抹茶とお菓子を出す。そして実がなる時はちょうど梅雨時期でいつも雨降りなのですが、自分たちで実をもいで、梅農園の方に酒造まで運んでもらいます。これを一度凍結するんですよ。梅酒をつくられる方はやっておられると思うんですが、一回凍らせるとすごくエキスが出るんだそうです。それでこれを全部凍結し、そして時期がきたら大きな樽に入れる。私たちは焼酎でなく日本酒に梅をつけます。大体三、四ヶ月ぐらい漬け込んで、そして十月の紅葉の時期に間に合うようにします。そして今度は「おかみの梅酒」と書いたラベルを貼ります。下の方に五〇〇という数字が書いてありますが、一から五〇〇まで全部シリアルナンバーが入っていて五百本限定です。この五百本の梅酒に手で一つ一つラベルを貼ります。それを鳴子に運んでもらって、それぞれの旅館で販売したり、食前酒としてお客様に提供したりします。

もう一つ、私たちが今も続けているのがジャズフェスティバルです。仙台ジャズフェスティバルは皆さんご存じだと思います。そのスタッフのオフィスQさんに、鳴子でもああいった音楽祭ができないかなとお話しましたら、快く引き受けてくれました。断られるかなと思いましたが、鳴子ホテルの女将さん（髙橋弘美女将）が元アナウンサーで、オフィスQさんをよく知っていて、すごく親しかったため快くいいですよ、応援しますよと言ってくださいました。その方々の応援で温泉とジャズということで、ジャズフェスティバルが始まりました。仙台のジャズフェスティバルと違って、演奏する人たちはそれほど多くありません。今年で七回目、バンドさんも六十人ぐらいまで増えましたが、最初はお願いをしてやってもらっていました。ですからすごいお金もかかったんです。一晩でいくらとか、宿泊料はタダにするとかいろいろとやって、定着するまでに二、三年かかったかな。

組合の方でもお金がかかりますし、あと大震災の時にはやめようという話も出ました。けどここで中断したらきっと続かない。十年続ける約束で始めた。鳴子って飽きやすくて、いろんなことを始めるけど一年や二年でやめてしまって定着しない。そういうのはやめようということで、とにかく十年間は続けようということで始めました。今年が七年目ですので、あと三年、十周年は盛大にやりたいと思っていますが、私たちも始めた時は若かったんですが十年目となるとだんだん年をとってきます。次の世代を育てなければいけません。今は私の息子、あと他の女将さんの息子さんとか、そういう若い人たちに少しずつバトンタッチをしてジャズフェスティバルをやっております。

今年は前夜祭もやったんですが、ちょっとした手違いで大々的に宣伝することができなくてすごく残念でした。ものすごく立派なお寺があるんですが、そこを背景に白鳥英美子さんって、トワ・エ・モアって皆さんお若いからわからないと思うんですが、札幌オリンピックのテーマソングを歌った方です。その方にゲストに来ていただきました。手違いがあって宣伝ができず人数が入らなかったので、内輪でやったみたいな形になってしまいました。来年もそれをやりたいと思っているんですが、どうなりますか。

あと、私たち何年も前から花の名所をつくりたいと考えておりました。鳴子は春にすごく弱くて、桜の名所がないんですよね。川渡の方に若干ありますが。こけし館のある山に桜の木があるんですが、手入れが行き届いていない。そういうこともあって、私たちは十年がかりのプロジェクトで桜の木を植え、花いっぱいの山を作るということで、今年からその試みを始めました。息の長いプロジェクトになります。これも私たちだけでは完結しないので、次の世代にバトンタッチしていかなければいけないなと思っております。

鳴子温泉を次世代に残したい、そしてそれを子供たちに受け継がせたいというのが、私たち女将の願いです。そこからさまざまな提案が生まれています。近年、お客様が決して増えていない中で私たちの模索が続いています。

最後にもう一つ私たちが立ち上げた「なる子ちゃん」というゆるキャラがあります。全国から応募してもらい、だいたい九十ぐらいのアイディアが集まりました。いろんなアイディアの中から、たまたま鳴子の人がこのゆるキャラを描いた人なんですが、これに決めました。名前もわかりやすいよう「なる子ちゃん」にしました。下駄を履いて胴体はこけしのようになっています。これがいいんじゃないかと私たち女将がみんなで選んだ。「なる子ちゃん」は今すごく活躍していまして、私もここにピンバッジをしていますが、あとバッグ、タオル、手ぬぐいとか、いろんなものに印刷されています。ゆるキャラの大会にも出したい。着ぐるみもあって、頭がすごく大きくて狭い場所だと入れなくて大変です。あとこれに入る人がなかなかいなくて。女の人の方がいいですね。細くてあまり大きくない女の人だとちょうど良いのですが。なかなか中に入ってくれる人がいないので、我こそはと思う学生さんは、ぜひ手を挙げてください。

質疑応答

司　会　今日お話をうかがった学生から出された質問を司会がとりまとめる形で質問させていただきます。宜しくお願いします。まず最初に、もしセカンドライフが許されるとしたらどういう仕事をしていたかという質問が出されていますが、いかがでしょうか？

遊佐女将　私はここの文学部、英文学科を卒業しました。それで先生になるつもりでいたんですが、遠方にしか先生の口がありませんでした。両親はこの地域から私が出ていくことにひどく反対しましたので、眼鏡検定士という資格を取りましてそちらの仕事を始めました。すぐに今の主人とのお話があり仕事をやめて旅館に嫁ぎました。ですからセカンドライフがあったら英語関係のお仕事をしていたと思います。

司　会　次に、多く寄せられている質問です。女将さんによってそれぞれ違うと思いますが、遊佐女将にとってのおもてなしというのはどういうものなのかをお聞きしたいという質問ですが、いかがでしょうか？

遊佐女将　あまり大げさに考えたことがないんですが、お客様がうちへ泊まりに来て「ああ泊まってよかったな」って思われるような、そんな雰囲気で帰っていただくことですかね。規模が小さいので時々フロントが空になったりすることがあるんですが、できるだけ空にしないように、お出迎えの時間になるとお出迎えする。あとそれから、お客様が何か不便を感じて、こうだとかと言われた時にすぐ対応できるようにすること。お客様を優先してお客様の要望に即応えていく。そういったものが私のおもてなしなのではないかと思います。

司　会　基本情報に関する質問がきております。従業員さんは何名ぐらいいらっしゃるのでしょうか？

遊佐女将　今うちは総勢八人でやっております。事務員さんはこれまでずっと女の人を雇っていたのですが、このたびものすごく生きのいい男性の事務員さんを雇いました。その人は番頭さんもしてくれるので、その事務員さんとほかに番頭さんが一人と、接待が二人と、あと下番が一人、あと私、それから息子と嫁と八人でやっております。

収容人員は旅籠の一泊二食の方六十九名、そして自炊部四十八名の収容で、合計すると百十七名です。ただしゆったりと入れないとクレームもきますので、そんなには入らないですけど。

司　会　平均の来客数はだいたい一日当たり、あるいは月当たりでどれくらいになりますか?

遊佐女将　そうですね。繁忙期だと多いんですけれども、紅葉時期だと旅籠の方でだいたい（ひと月に）五百名ぐらいかな。そしてあと自炊部の方はこのごろは土日に自炊の一泊で満室になりますのでかなり自炊部のほうが多くなっています。湯治が見直されていて、もちろん安いからだと思うんですが、若い人たち、バックパッカーの人たちがよく入るので、自炊部のほうが平均して一日に三十名ぐらいですかね。ひと月で四百人ぐらいは入るかと思います。

司　会　鳴子の地域の取り組みに話題を変えていきたいと思います。ある学生からの問い合わせですが、自分たちは東北学生ダンス連盟という団体を立ち上げたのですが、何か協力できることはありませんかということですが、いかがでしょうか?

遊佐女将　そうですね。具体的にお話をお聞かせいただければと。じつはダンスパフォーマンスも一回やろうかという話はしていました。鳴子に手湯というのがあるんですけれども。手を入れる温泉です。駅前にあるんですが、そこの広場で土日にパフォーマンスをやってみたらどうかという提案が前から出ていました。なかなか実行が伴わないのですが、そういうこともやっていこうと思っているので、ダンスパフォーマンスをやっていただければお客様も喜ぶかもしれません。

司　会　終わりの時間が近づいてきました。これで終了にしたいと思います。もう一度、拍

手で感謝の気持ちを女将さんに伝えたいと思います。ありがとうございました。（拍手）

（講義日：二〇一四年一〇月二三日　　編集：村山貴俊）

第8章

サラリーマン女将としての挑戦

熊谷 さえ美

KKRホテル仙台

KKRホテル仙台は2015年9月に閉館となりました。

KKR ホテル仙台（2014 年 6 月撮影）

観光産業における女性の地位

おもてなしに関する講座なので、これまで女将さんたちが壇上に立たれていたと思います。どの女将さんも本当に魅力的かつ個性的で、良いお話をたくさん聞けたのではないかと思います。ただ先ほどもご紹介頂きましたように、私は女将ではありません。今は仙台市内の錦町のＮＨＫのそばにあるＫＫＲホテル仙台で統括支配人を務めております。女将と呼ばれたこともありませんし、他の女将さんたちは家業としてホテルや旅館を経営なさっています。ホテルや旅館で生まれた方、あるいは嫁がれた方たちです。私の立場はずいぶん違っていて、あえて言うならサラリーマン女将、勤め人の女将ということになるでしょうか。

実はこの業界、女性が働いている割合が非常に高くなっております。おそらく半分ぐらいは女性となっているのではないでしょうか。でもその中で支配人という名前を頂いている方は、ほとんどいらっしゃらないのではないでしょうか。サラリーマンとして支配人という名前がつくというのは、自分自身でもなかなかだと思いながら仕事をしております。もちろんいろいろ失敗を繰り返しながら歩んできた人生ですが、本日はサラリーマン女将の立場から、私がこれまで体験してきたことをお話して参ります。

私がいるKKRホテルは、国家公務員共済組合連合会が経営母体になっています。ただし、全国に四十三施設ある中で、仙台だけが運営受託方式、つまり民間が運営しています。ほかの施設は連合会が直接経営しており、私のいる仙台だけが運営受託でやっています。宿泊は五十室しかないので比較的小規模なホテルです。ただし機能的にはシティーホテルに匹敵する内容を持っています。レストランがあって、バンケットがあって、会議室があって、宿泊施設があるという施設です。

一月にこの業界の新年会があります。ホテル、旅館、旅行代理店、航空、バス会社であったり、それら観光に従事する業界の経営者やリーダーが集まる新年会があるんです。毎年三百人近く集まります。その三百人の中に女性って何人ぐらいいると思いますか。女性が半分も働いているんだから、せめて一割、二割はいるんじゃないかと思いますが、実際には何と十人に満たない数です。多い時で七、八人、少ない時は四、五人の女性しかいない。これが日本の現状です。

今、安倍総理が女性の輝く力を活用して経済を復興させようとしています。私はとてもいいことだと思います。本当に男性社会なんだということを常日頃思っていました。仕事柄、海外に行くことも多かったのですが、アジアでも女性がトップに立つ割合は、三割、四割、五割が当たり前です。ところが日本では一割にも満たない。社会構造としてこれはやはり問題だと思います。

この教室の中でいわゆる家業を継げる人って何人ぐらいいるのでしょうか。それほどいないと思います。一人か二人、数人だと思います。社会に出る場合、家業を継ぐか、サラリーマンになるか、あるいは自分で独立して経営するか、という大きく三つの選択肢があると思います。私はサラリーマンとして仕事をしていますが、その中で女性の地位がもっと変わって欲しい。トップやリーダーになる人が、たくさん出てきて欲しいと思っています。

ホテルウーマンへの転身

私自身はKKRホテルが三つ目のホテルの支配人になります。今のホテルに勤めて五年目になります。以前は松島のリゾートホテル、松島センチュリーホテルでも宿泊支配人を務めておりました。最初に勤めたのがニューワールドホテルという、今はベストウェスタン(二〇一九年三月現在、仙台ヒルズホテル)と名前が変わっている中山の仙台大観音のそばにあるホテルに約八年間おりました。

だから、全部足しても十七、八年になるかなという感じです。私の年齢から考えると何か数が合わないなと思われるかもしれません。実は私がホテル業界に入ったのは何と四十二歳です。それまでホテルに勤めた経験はまったくありませんでした。さらに日本の企業で会社員として勤める経験も初めてでした。そこには大きな壁があったはずです。女性であることも壁でしたし、四十二歳という年齢も大きな壁でした。若い方でも仕事がどうのこうのとか、もう歳だしとか、二十七、八歳の若さで言っている方が結構おりますが、私からすると「えっ」と思います。私は四十二歳で立ち上がりました。そして五十いくつで転職しているんですから。自分のステップアップのために職場を変えましたから。

ホテルに入る十八年ぐらい前にオーストラリアのシドニーに行っていました。そこでカンパニーセクレタリーという仕事をやっていました。当時はバブル経済の好調の時期で、日本企業がいっぱい進出しましたが、陰りが見えて落ち込んできた時にシドニーに行き、そこで五年ほどおりました。そして最終的にもう撤退せざるを得ない状況になりました。

五年間オーストラリアにおりましたが、日本に帰ったらどうしよう。生きていかなきゃ、食べていかなきゃと悩んでいましたが、そこでなぜホテルマンを選んだのかというと、これが本当にばかげたきっかけなんです。帰国の準備をしながら、どうしようかなと思っていた時に、ビデオを買ってきたんです。山崎洋子さん原作の「ホテルウーマン」。主演は沢口靖子さんですが、わかりますよね。沢口靖子さんは科捜研の女という番組に出ておられる女優さんです。あと秋野暢子さんが出ていた番組でしたが、その沢口さんが演じられた登場人物が、すごい大きなホテルのお金持ちの社長と不倫関係に陥って子供を妊娠してしまう。そして、その社長も亡くなってしまうという中でそのホテルに入社することを企てます。

彼女は二十四、五歳だったと思いましたが面接試験を受けるんです。面接官が前に十人ぐらい並んでいたんですかね。ある面接官が聞きました。「あなたは二十年後、このホテルでどんな自分を想像しますか」と聞いた時に、沢口さんがきっぱりと「総支配人になります」と言ったのです。その総支配人になるというその一言が、「ああ格好いい」、とにかくただ「格好いい」とだけ思ったんです。はっと思った次の日でした。本当に次の日だったんですが、仙台のニューワールドホテルの社長から、「日本に戻ってきた時にホテルで働いてみませんか」と言われたんです。

シドニーに行った時にはまったく英語ができない状態でしたが、帰る時にはある程度はできるようになろうと思い必死で勉強しておりました。「そうか、ホテルマンか。沢口靖子さん、格好よかったもんな。私も支配人を目指そう」と思って決めました。その瞬間に。だってビデオを見た次の日そんな話がくる。これは何か神様が私にそう動けと言っているのだと。私自身もそれが格好いいって感動していたし。サラリーマンになったら出世したいと思ったんです。現実的すぎるし明確すぎるし、ちょっと嫌な言い方と思われそうですが、とにかく出世しようと。そして支配人になろうと、四十二歳で無謀な決意をしました。何の資産も経験もない私でしたけど、絶対に支配人になるという強い信念だけは持っていました。入社した時は平社員だったんです。四十二歳、まったくの平社員からのスタート。それはそうですよね。どこの馬の骨かわからない人をいきなり上に就けるわけがない。

実はこの「みやぎ おかみ会」も私の中では一つの目標でした。というのも入社して一ヶ月ぐらいの時にメトロポリタンホテルに用事があって行きました。そこにおかみ会のメンバーが三十人ぐらいいらっしゃった。本当に格好よかった。皆さんスーツや着物を着こなして、受け答えもすごく華やかで上品で、本当にいいなと思いました。その時にいつか私もおかみ会に入ろうと無謀にも決意しました。でもおかみ会に入るには、やはり支配人にならないとダメだろうなと思いましたから、私は絶対に支配人になるとその時に改めて決めました。ではホテルに入ってどうやって上まで上がっていくか。そのためには他の人にできないことをやろう、他の人が嫌がることをやろうと決めました。

ドラマのようなホテルの現場

さてホテルというのは、旅人、客、宿主を意味するホスピスという語源からきております。中世の頃に巡礼の方々が旅をして、途中、一夜の宿、一夜の暖、温もり、一夜の食を求めて教会などの戸をとんとんと叩いて、そして教会の方々が無償のおもてなしをする。無償のおもてなし、それがホスピタリティーという言葉につながります。

ホテルには基本となる三つの商品があります。一つはホテルと言うからには宿泊の施設です。そして二つ目は飲食です。シティーホテルの中ではレストランであったり、バンケットであったり、いろいろ形態があります。そして三つ目は人。この三つが、ホテルの経営を成り立たせるものです。

そして十室以上あって、一客室の床面積が九平米以上あって初めてホテルと呼ばれるわけですが、ホテルにもいくつかの形態があります。バンケット、レストラン、宴会場、宿泊施設、そういったものを持っているのがシティーホテル。仙台ではメトロポリタンであったり、ウェスティンであったり、今私がいるＫＫＲホテルも小粒ながらシティーホテルです。

この他に観光リゾートホテルがあります。蔵王とか、松島とか、そういった観光地にある観光リゾートホテル。

次にそこから機能をどんどん削いでいって、朝食だけを出すビジネスホテル。そしてさらに機能を削ったのがカプセルホテルです。私自身は小型のシティーホテルのＫＫＲホテル、そして観光地をバックにした松島のリゾートホテル、そして最初にいたニューワールドホテル、こちらも施設的にはすばらしいシティーホテルで、スポーツジムも整っていて、Ａランク、星で言うと５つ星クラスのホテルでございました。そのほかに実はコンサルタント業もやっておりました。今年（二〇一四年）の三月ですべて終わりましたが、四つのビジネスホテルのコンサルタントもやっておりました。ＫＫＲホテルの統括支配人とコンサルタントとを兼業しておりました。

そういう中で、これから私の持っている経験についてお話ししたいと思います。ホテルはまさに舞台です。本当に二十四時間動き続けています。そして国籍の壁もありません。年齢の壁もありません。千人のお客様が来たら千人の顔がある。だからこそホテルの仕事はおもしろい。実におもしろいんです。収入的には決して多いという業界ではありませんが、私は仕事がつまらないとか飽きたとか思ったことは一度もない。もしこの業界を目指す方がいたら私はお勧めします。

ホテルというのは世界各国どこでも働ける仕事です。日本国中どこでも行けます。旅館・ホテルのない所ってありません。皆さんもさあ飛び立とうと思った時に、そういう広いステージがあった方がいいじゃないですか。私あと十年若かったら、恐らく海外のホテルで支配人を目指していたかもと思います。

小説でもホテルがたくさん出てきます。森村誠一さんの「高層の死角」とか、浅田次郎さんの「プリズンホテル」、私の人生を決めてくれた山崎洋子さんの「ホテルウーマン」、漫画では石ノ森章太郎さんの「ホテル」なんかも面白いですよね。テレビでもやっていましたが、そんなウソみたいなことが実際に起こるんですよ。

実際に昨日大変なことがありました。昨日、大きな案件の担当をしておりまして、クライアントさんによればホテルに商品サンプルが届くことになっていたらしいんです。ところが私に商品内容を事前に伝えてくれなかった。だからほかの荷物が二回届いていたからそれでもう届いたと思い込んでしまった。そうしたらそれが消火器のケースのサンプルだったらしいのですが、見当たらない。会議が一時から始まるのに見当たらない。どうしよう。お客様どこの宅急便、どこの配送会社を使われましたか。そうしたらうちのフロントが、消火器だから施設かと思って施設に荷物を渡してしまった。ええ、それはないでしょう。ちゃんと見たら熊谷支配人宛と書いてあったんです。それを見落として消火器だからああ施設だと思い込んでしまった。もう大騒ぎでした。お客様には平身低頭おわびをしました。でもお客様の展示会が実際にうまくいけば、ああおもしろいドラマを見たな、頭下げるのも楽しかったなという思いになれます。

ワールドカップのサッカーチーム誘致

そして苦しかったけれども、すごく良い成果が残せたのが、サッカーワールドカップへの挑戦です。今年はワールドカップがありましたね。十二年前、覚えているかな。日韓合同のワールドカップがありましたね。

私は当時もう宿泊支配人になっており、ワールドカップで一つの挑戦をしたいという強い思いがありました。それは観戦するお客様を泊めるだけではなく、チームをホテルに誘致したいという思いです。選手をとるか、お客様をとるか、メディアをとるか、あとは役員をとるかと四つほどのコースがありました。

イギリスのエージェントが入ってきました。これはホテル業界で大きな問題になって、結局、ＪＴＢさんも、近畿さんも、誰も取り扱いができない状態になっていました。手数料がなんと二十五パーセント、それがエージェントからの通達でした。まずは総支配人の反対がありました。「熊谷君、そんなことやらなくていいだろう。どうせその日は満室になるんだろ」と言われました。「はい、満室になります。でも私は違うと思います。なぜやりたいかを説明させてください」と返しました。

まず一つはワールドカップという日本の国の大きなイベントに私たちが参加できるんです。そして次に私たち社員の中にワールドカップ、百年に一回しかやれないというワールドカップで選手を泊めたという記憶が残ります。これは何ものにも代えがたいものではないですかと。そしてその中で社員のスキルは一段とアップするはずです。間違いなくアップします。

「だけれども熊谷君、あんたね、ワールドカップがどんなに大変か君はわからんのだよ」。そうですよね。まだホテルウーマンになって四年目ぐらいですから。そこで私は答えました。「確かにどれほど大変かはわかりません。でも総支配人、泊まるのはゾウとかキリンじゃないですよね」。本当にそう言ったんです。「人間です。人ですよね。だとしたら私たちにできないことはないじゃないですか。そして同じ百万円を稼ぐなら、意味のある百万円の方がいいじゃないですか。そしてこれをやることによって、このニューワールドホテルの知名度が格段に上がります。それも世界の中で上がるはずです」。私は断言しました。それで総支配人は言いました。「ああ、だったら何かあっても責任とれよ」。「ありがとうございます。それは許可ということで受けとめさせていただきます。何があっても私は必ずやり遂げます。選手、チームをとってみせます。」ということで始まったのがワールドカップでした。

当時、仙台のホテルはどこも手を挙げていなかった。私はそこで思いました。手を挙げようと。まず一番に手を挙げようと。たまたま空港に行ったんですけれども、そこに河北新報社が来ていました。そこで私は河北新報社の記者に囁きました。「明日、私たちは手を挙げますよ」と。そして次の日、大きく新聞に取り上げられました。ニューワールドホテル、ワールドカップホテル契約に名乗りを上げると。

さあそれから大きな戦いに挑むことになりました。私はちょっと偉くはなったんですけれども実はものすごくミスが多い人間です。いつも失敗ばっかりしています。この時に最大のミスをやってしまいました。恐ろしいミスです。

というのは、二十二日間八十ルームのオーバーブッキングをやってしまったんです。イタリアのチームが最終的に確かロイヤルパークホテルでキャンプをしたんですが、そのせめぎ合いの中で、私は自分のホテルを二十二日間八十ルーム押さえていました。でもロイヤルパークに決まったので、ニューワールドはないわね。それじゃあもう次のチームで頑張りますねということで、私はエージェントにキャンセルと言いました。でもファクスを流さなかった。えっ、ファクスで流してないからって、どういうこと。

私は当然キャンセルになっていると思っていたのに、ある日突然イタリアのメディアが二十二日間八十ルームの予約を入れてきました。もうすでに日本のお客様向けに予約をとってしまいました。ホテル経営の中で何が一番怖いかというと、もちろん火事とか食中毒も怖いのですが、オーバーブッキング、これは本当に怖い。それも二十二日間八十ルームです。私は自分の責任で、もちろん部下の人も助けてくれましたが、一日一日潰していって、ほかのホテルにお願いをするという形で解消しました。

そして最後の一室が全部戻ってきて、ワールドカップのチーム誘致への戦いが始まりました。私たちには神様がついているのではないかと思いました。トルコ、メキシコ、スウェーデンの三チーム、三試合とも全部アウェイのチームを泊めたのは、全国で開催地が十ヶ所あっても、ホテルでは二つか三つしかなかったのではないでしょうか。

そしてこのワールドカップ関連売り上げで五千五百万円。これはとてつもない数字でした。ほかのホテルの総支配人たちとお話した時に、多いところでだいたい千二百万円でしたから。その五千五百万円もうれしかったけど、今でもその頃の社員たちが言います。「ワールドカップはおもしろかったよね。やってよかったですよね」。その言葉を聞くとすごくうれしくなります。

そしてワールドカップをやったことで、後でお話しますようにインバウンドにも取り組みやすくなった。今の日本代表の監督って確かアギーレ監督ですよね。アギーレ監督は当時メキシコの監督をしていて、私は直接お会いしています。アギーレ監督はとても素敵で本当に感じのいい方でした。私たちにもきちんとご挨拶してくださいました。

インバウンドへの挑戦

それからニューワールドホテルの知名度は飛躍的に上がりました。アジアにセールスに行くにも何をするにもすごく楽になりました。「ああ、あのニューワールドホテルね」ということで。私はなぜワールドカップにあれだけこだわったかというと、ニューワールドホテルというのはロケーションが非常に厳しかったのです。仙台市内から車で二十分。そして後ろに観光地もありません。唯一の強みは施設のよさ。でもホテルというのは実はロケーションが一番大切です。もちろん施設も大事ですが、ロケーションありきで経営戦略が考えられていきます。

そういう中でどうやったらいいのか。海外のお客様に目を向けようと思いました。なぜかというと、その当時はまだグループで動く外国人の方が非常に多かった。インバウンドという言葉もまだよく知られていない時代。インバウンド、海外から来るお客様のこと。アウトバウンドは日本から出ていくお客様のこと。いらっしゃる方をお迎えする場合にインバウンドと言います。その言葉すらまだ明確でないような時代です。十五年ぐらい前のことです。

でもこれがとれれば、このホテルの客室を埋めることができる。稼働率を上げることができる。ホテルは稼働率が勝負です。稼働率を上げないと収益は上がりません。ですから稼働率を上げるにはどうしたらいいかというと、やはりインバウンドが一番だと思ったんです。そしてなおかつ私は英語という武器を持っておりましたから、ほかの人にはできないことができる。ということでこの世界に入っていきました。

私が実際にセールスしていた時代は、香港、台湾、韓国が主流でございました。今はそこにシンガポール、タイ、マレーシアと、東南アジアにまでマーケットが広がっております。ただしヨーロピアンの方々はグループではあまり動かないので、東北までは来ません。外国人の中での東北の人気度は高くありません。まず東京に行きたがりますね。それから京都、大阪、九州、北海道、そして東北となります。

でも私はこの六番目というのに非常に魅力を感じました。逆にいいな、六番目で。なぜかというと香港、台湾の方々が海外に行く旅行回数、平均回数って皆さんどのぐらいだと思いますか。ものすごく多いですよ。一般の香港の方で、中国とかマカオに行くのは数に入れないで、海外旅行するのは平均で四・二ぐらいあるんです。台湾もそうなんです。だいたい三回から四回。日本人はそんなに行きませんよね。でもアジアのそういう人たちは海外旅行をものすごい楽しみにして、一番お金を使うところなんです。ですから六番目だろうが五番目だろうが、来てくれる可能性は高いわけです。

そういった中で、私はある戦略を持ってインバウンドの世界に入っていきました。それにはまず行政の力が必要でした。県の観光課と一緒にミッションを組んで、一緒に直接、政府に行く。ところがほかの企業やホテルはここで終わってしまう。

私はそこから一歩踏み出して直接営業をかけました。ただしその直接の営業も、点ではだめです。必ず線になって営業をしないとうまくいかない。なぜかというと、うちのホテルだけを紹介してもダメなんです。当時はインターネットが今のように普及していませんでしたから、情報を伝えるのがすごく難しい時代でした。わずか十五年前ですけど。向こうに行って東北って言ったら中国の東北省ですかと言われるのが当たり前だった時代です。

ですから日本地図を広げて、東北はここ、そして宮城はここ、そして松島はここ、そしてニューワールドはここ、というような説明をしておりました。私はそこで考えました。ほかのホテルの方々と手を組んでコースをつくろうと。

そのためには外国の旅行客が何を望んでいるかをきちっとリサーチできていないといけないのですが、当時は一番目に来ていたのは温泉で、それから雪、向こうは雪が降らないですからね。それと当時はスキーがすごく大事なポイントでした。そこでえぼしのスキー場と組んでスキーの送迎をするということにしました。そしてコースを作っていきました。うちは温泉もありません。それから観光も必要なので松島のホテルさんとも組みました。松島の大観荘さんですが、本当にすばらしいホテルなのでそちらと組んで、そして岩手は森《もり》の風《かぜ》鶯《おう》宿《しゅく》さんと組んでルートをつくって、香港で売り込みをかけました。

この売り込みをかけるというのは、簡単なことではないんです。どこに売りに行けば良いかわからない。実は香港とか台湾というのは、旅行社の数が何千件もあるんですね。一つのビルに一つ入っているぐらいたくさんあります。日本だと大手のJTBさんとか、近畿さんがあって、小さな旅行社さんが少しあるという感じですよね。

向こうは違っていて、日本向けのマーケット、しかも東北だけをやっているエージェントに行かなければ商品を買ってもらえないわけです。そういうところをきちっと探していく。なおかつそこの社長と直接話をしなければ何一つ決まらないんです。向こうは社長さんが大きな決定権を持っていますので、そういう方々に直接営業をかけないといけない。そして最終的にニューワールドホテルでは一万八千人のインバウンド誘致に成功しました。

ただしインバウンドを拡大することには、相応のリスクが伴います。例えば為替、円高、円安という問題があります。今は円安の方に振れていますので、インバウンド、海外から来る方にはとても良い情況です。今はエボラ出血熱の問題とかありますが、私がやっていた時にはSARSの問題が発生しました。これで一気にやられましたね。実は一万八千人いたお客様が激減し、二千人まで一気に落ちました。

だからインバウンドというのは本当にちょっとしたことで激減するリスクを伴います。でも私が救われたのは、インバウンドにかける比率を二割に抑えるという基準を最初から自分で決めていたからです。総売り上げの二割以上には増やしてはいけない。なぜかというとリスクを回避するためです。二割落ちても、二割であれば何とか他でカバーできるという計算がありました。ですからそれほど怖くはありませんでした。SARSの問題もあり、円高という問題もありました。円高の時は四割減ぐらいで済みましたが、感染症の場合は本当に一かゼロということになりますので。

そしてインバウンドにセールスをかける際、私はもう一つ決めたことがあります。海外からのお客様を呼びたいとおっしゃる旅館さんの中には、こういう風に言われる方がいます。忙しい時は来てほしくないんだよね。暇な時に来てほしいわよね。私はそれは絶対にしないと決めました。だって安定的に供給をしてあげれば、お客様をきちっと送ってくれる。忙しい時は要らない。暇な時だけ欲しい。そんな営業ってどうなんでしょうか。

私は必ず三者がウィン＝ウィンの関係にならなければ、経営はおもしろくないと思います。経営者だけが儲かる、いいでしょうか。よくない。業者だけがいい思いする。これもよくない。そして最近多い消費者だけがいい思いをする。これもよくない。三つがうまくいって、三つがハッピーで笑顔になってこそ初めておもしろい経営ができる。それが本当の経営じゃないかと。そうなると社会もうまく循環するわけです。

ところが今、消費者だけが喜ぶ経営というのが非常に多いと感じています。サービスにしてもそうです。余計なサービスが多い。私たちがやり過ぎてしまうこともあります。そこをどう止めるかということも考えていかないといけないと私は思っております。

インバウンドでは、三者がウィン＝ウィンになる関係を必ず作っていくんだという思いでやっておりましたので、エージェントの方にも可愛がっていただきました。困った時も助けていただきました。そうした支援があって、初めてそういった数字を作ることができました。

しかし残念ながらニューワールドホテル自体の経営業績は悪くなかったのですが、本体の会社の経営の影響を受けて八年目で閉館になってしまいました。いわゆる倒産と一緒ですね。失業保険ももらいました。ニューワールドホテルの社員の行く所が決まってから、私自身の次の道を探そうと思っておりました。みんなの行き場がある程度決まってきたところで、私も完全に退社をいたしました。

そして運良く松島のセンチュリーホテルさんの方から、海外のお客様を三千人呼んでくれないかというお話をいただきました。でも松島はちょっと遠いし、なんて思いながら、でもせっかくお声をかけていただいたんだから見に行こうと思いました。

そうしたら松島の海が何とキレイなことか。これを毎日見ながら仕事できるのならいいかもしれない。客室も見せていただきました。日本人の方にはちょっと売りにくいだろう洋室が三十室ありました。三十室でワンバス分、これならちょうどいいじゃない。これなら三千人はいけると踏みました。そして一年目は千人、二年目で二千人、三年目で三千人と海外のお客様をとることができました。もちろん松島という素晴らしいロケーションがあったからで、私の力なんかたぶん一割、二割だったかもしれない。けどロケーションがいいって、こんなに違うんだと思いました。

私の考えるホスピタリティー

今、ホスピタリティーが社会的価値を持つようになっております。社会的価値を持ったということは経営戦略的な価値もあるということです。

そしてホテルに求められるものは何かというと、一番簡単に言うと家庭以下であってはならない。この一言に尽きるかもしれない。ところが家庭のレベルはどんどん上がっていく。昔はどこかのホテルに行かないとウェッジウッドのカップが使えなかったのが、今は家庭でも使える時代です。

でも絶対できないものってあるんですよね。ホテルの中で私が絶対に自信持っている商品があります。実はそれはピンと張ったベッドのシーツです。あれは家庭では絶対にまねできない。それをぴしっとやることによってホテルマン、ホテルの格が上がります。ホテルというのはそのぴしっとしたシーツのかけ方、そこにこだわりを持っていると、お客様の求めているものに近づいていけると思っています。

ちょっと今から手品をします。冗談です。手品じゃないですが、ちょっと小道具でコップと水を出しますね。ホテルに入ってお水をいただくシーンってたくさんありますよね。いらっしゃいませ。これはちょっと入れ過ぎですよね。いらっしゃいませ。これは少なすぎて、「えー? 飲み残しですか?」という感じになってしまいます。お水が一番おいしく感じるのは七分目。そして本当は、冷たくてここに霜が、水滴がついているともっといいんですが、今日はそこまで小道具を用意できませんでした。七・五分目。このぐらいがお客様が一番おいしく感じる。

これを持っていく時にこれ(コップの持ち方)ではダメですね。それは皆さんでもすぐにわかりますよね。いらっしゃいませ。このやり方も嫌ですよね、何か生ぬるいのがきたような感じになりますから。ホテルマンは何を考えるか。実は小指がコップの下に入っているのが見えますか。そして小指をすっとこの瞬間に抜く。私はあまりうまくできないかもしれない。いらっしゃいませと言った時、すっとこのようにして置くんです。そうするとすごくスマートです。きれいだなとお客様に感じていただけます。

実はこの小指、これこそがホテルの醍醐味だと私は思っています。こんなことにこだわるのはアホじゃないって思われるかもしれませんが、私はアホだと思わない。とても素敵なことだと思う。お客様をいかに喜ばせるか、自分がいかに満足のいく仕事ができるかは、この小指一本にかかってくるわけです。

想像力と創造力

今は情報化時代ですから、当然いろいろな想像力が働きますよね。もちろんお水は冷たいほうがいい、それは皆さんがわかっている。でも、小指のことまで考える人はそうそういませんね。この想像力が仕事では大事になります。経営学を学ばれている皆さんですが、この想像力を持つことで初めていい経営ができるようになります。

例えばホテルでこんなことがありました。チェックアウトされたお客様が翌日に電話をかけてきたんです。「すみません、昨日ごみ箱の中に二十万円入れていた封筒を間違って入れてしまった、捨ててしまった」と仰るんです。えっと思うじゃないですか。昨日のごみですからね。

でも私たちは、さあ行くよ。汚いごみの倉庫の中にごみ袋がいっぱい置いてあります。行きますよ、もちろん。一つ一つ袋を開けて、全部一つ一つ出していきます。そして、ありました。このうれしさ。お客様にありましたと教えてあげられた時の喜び、これは何事にも代えがたい。

実は、ホテルはその日のごみをその日のうちに捨てることをやりません。これが一つの想像力です。必ず一日置くようにする。そういったお客様がいるから、その日には捨てず次の日に捨てるということになっています。これができるかどうか。

こんなことは一年に一回、もしかしたら三年に一回しか起きない出来事かもしれない。けどそれに対して何らかの対応をしておく。この想像力を持ってこそ初めて素敵なホテルの仕事ができるわけです。ホテルのシャンデリアがいくら輝いていても、そういった私たちの思いには及ばないんじゃないかと思います。

けど今は、この想像までは皆さんでもある程度できちゃいます。学校に来ます。本を読みます。ネットを見ます。ですから皆さんにも想像できる。ところがクリエーション、すなわち創造力を持っているかどうか。残念ながら会社にもこの創造する力を持っている人たちはあまりいない。例えばこの場面でこういう創造力を持っていてくれたら、この人もっと素敵な仕事ができるのにといつも思っています。実は想像から創造へといくためには、意外に素質の部分が大切になってきます。けど素質だからって諦めたら話にならない。素質の部分はものすごく大きいですが、でも訓練によってできることもあります。いわゆるＯＪＴ、職場で磨きをかける人たちもいる。

例えば私が最初にホテルに入った時、ある商品が売店に並んでいたんです。私はその商品がここにあった方が売れると思った。そして私はこっちに動かしました。そうしたらいきなり男性の社員に怒られた。平社員なのにそれは支配人が決めた場所だから。えっ、だってこっちの方が絶対に売れるし、商品もよく見えるじゃない。こっちに動かそうという想像、これはまず大切です。

けどもう一つ大切だったのはここに動かすことを皆に納得させる能力です。私にはそれが欠如していた。サラリーマンとしての生活が短かったのでいきなり動かしてしまった。その時は気づかなかった。当時は男性の社員がこっちがいいと言っても、上司が言ったからって、こっちで場所を決めるのよと思い込んでいました。

けど最近になって思います。組織の中で物事を変える時には自分の持っている力、そして他の人の持っている力をうまく生かす、そういう力が必要なんだと。でないと力があるのに、それを生かし切れずに終わってしまうことにもなる。そしていろいろな面でブレーンとなってくれる人たちも大切になってくる。創造力という点で、何かを生み出すのは自分でもあるけれども、また周りでもあるわけです。だから常にブレーンになってくれるような人が周りにいて、その人たちとコミュニケーションがとれている。これが創造力をステップアップさせる一つの方法になるのではないかと思います。

震災対応とその後の後悔

三・一一の震災、私も忘れはしません。さっき言ったように私は五つのホテルのコンサルタントをしておりました。それらはすべてビジネスホテルです。ＫＫＲには総支配人がいたので、私はとりあえずほかのホテルを見ることにしておりました。あの日、たまたま営業で東北学院大学に来ていました。石造りの礼拝堂を見た後で、車で戻る途中、ちょうど二番町に着く頃に大きな揺れがきました。「ああ、揺れているな」と。礼拝堂は大丈夫だったと後で聞きました。急いでホテルに戻って、あの日は金曜日でしたからホテルは満室でした。

ＫＫＲは総支配人に任せ、私は四つのビジネスホテルへと向かいました。雪の中、自転車をこいで。従業員は大丈夫かな。みんな古い建物だったので心配でした。建物は崩れてないか。当然満室でしたから、お客様は大丈夫かな。いろいろ考えながら四つのホテルを自転車で見て回りましたが、もうお部屋の中に入っていただくことはできないなと思いました。施設が古く、安全性が確認できない状況でしたから、とりあえずその日のお客様はロビーにおりていただきました。支配人に「毛布を全部おろしなさい」と指示しました。ビジネスホテルなので食料品があまりない。残念ながら朝食のパンぐらいしかなかった。「朝食のパンをとりあえず明日必ずお客様に分けて差し上げてください」と言いました。私たちにできるのは、そこまでかもしれない。

四つのホテルを各支配人に任せて、夜の十二時頃、いや一時頃かな、ＫＫＲまで自転車で戻ってきました。あの日、夜空の星を見た人いるかな。本当にきれいでしたね。都会が光を失った時にこんなに美しい星空が広がるんだと思いました。もちろん私たちの社員の方の家族も亡くなり、私自身は大丈夫だったけど、お友達が亡くなるとか、いろんなことありました。星空を見ながら、「あぁこれからどうなっていくんだろう」と思いながらホテルに戻ってきました。

電気のつながらない間は社員もロビーに寝ていました。三日目ぐらいに電気が使えるようになったら、連合会の本部から「国家公務員のいわゆる救助隊の方々を優先して無料で泊めてください」という指示が下りてきました。

私はそれを割り振る仕事に追われることになります。どの方を優先するかという判断が非常に難しかった。いっぱい電話がかかってきますから。いわゆるお客様のトリアージみたいな感じですかね。医療チーム最優先、それから私の勝手な判断で報道の方々にも入っていただきました。一グループ十人をまとめてですけれども。

そのように運営していきましたが、シーツ交換なんてして上げられる状態ではありませんでした。クリーニング屋さんから病院のリネンが優先ということで連絡がきておりましたから。それは当然のことです。在庫にあるリネンを数えても何日ももたないのがわかりましたから、お客様に連泊する間はシーツ交換なしをお願いしました。水もまだ不足している状態でしたから、トイレは下までおりて共同トイレを使って頂きました。客室の中のトイレはお使いいただけない状態が続いておりました。

ただ私は一つの大きな後悔があります。「ああ何でツインの部屋に二人しか泊めなかったのだろう」と。「何でシングルの部屋に一人しか泊めなかったのだろう」。大変な時だったのだから宴会場も全部オープンにすればよかった。定員以上は泊めたらいけないという規則があるんです。でもそんなこと言っている場合ではなくて、私がもっと権限を持っていたら、「この部屋は四人にしてください」と言えたのにと。今になってそこをすごく後悔しています。

ホテルは衣食住に関するいろいろなものが揃っている。どこよりも揃っています。ティッシュペーパーもある。お水もある程度タンクにある。食料だって宴会分のストックがある。それをなぜもっと有効に使えなかったのか。電気の充電器はオープンにしましょうとか多少のことはできましたが、あの本当にひどい状況の中でツインの部屋に二人なんて規則になぜこだわってしまったのか。それがちょっと悲しい。正しいことかもしれないけど悲しい。

ホテルは今後やはり指定避難所としてすべて登録するべきだと思っています。天井が落ちるなど施設に被害が出て大変だったところもありますが、人的に大きな被害が出たところは少なかった。ホテル業は極めて原始的な産業だと私は捉えています。飲む、食べる、寝るを提供する原始的産業であるがゆえに、災害時に一番力を発揮できるのだと思います。

今の職場に何を残せるか

私は沢口靖子さんが目指した総支配人はなれませんでした。おそらく二番手の副総支配人ぐらいで終わってしまうと思います。サラリーマンとしてこの仕事を選んで十八年が経ちます。でもいつかここも去らなければいけない。サラリーマンである以上、私は女将ではないので今のホテルにずっとはいられない。あと数年以内に今のホテルを去ることになるでしょう。

でもそれまでに私は一体何を残せるんだろう。このホテルに何を残せるんだろう。自分の名誉とかそういうことではありません。私がそこで働いていたことによって何が変わったのか、いつもそれを探しています。ＫＫＲは本当に古いホテルです。築四十八年になるかな。今度、耐震審査を受けなければなりません。古いホテルの宿命ですが、施設と設備の維持にお金がかかる。巨大な金食い虫と呼んでおります。毎日心配しております。ボイラーは大丈夫かな、エレベーターは大丈夫かな、電気室は大丈夫かなと毎日心配しています。

そんな中で自分の足跡をいかに残すかということを一生懸命考えております。ですからサラリーマンとしての会社への貢献、例えば売り上げを上げるための私の取り組みについて少しお話をさせていただきます。例えばうちのホテルは日曜日の稼働率がすごく悪い。日曜日の宴会場の稼働がほぼゼロに近い。もちろんある時もありますが、ないに等しい。これをどうやって埋めたらよいのか。

最終的にうまくいくかどうかわかりませんが、いくつかの策を講じてきました。実は皆様にも少し関係しておりますが、学校関係の父母向けの講演会や説明会を狙っています。これが土曜もしくは日曜日に行われることが多い。例えば東京とか大阪から先生方に来ていただき、こちらで説明会をしていただくとかなり大きな売り上げになります。宿泊もしていただけるし、会場も六時間ぐらい使っていただけるので稼働率が大きく上がります。あともう一つが研修のための宿泊と宴会場の提供です。これのいいところは研修は一日で終わらないので三日間ぐらい使っていただけるんです。泊まっていただけてそして食事もしていただける。ホテルの商品をすべて買っていただけるのが研修です。ここにすごく力を入れています。

ここ三年ぐらいの取り組みが功を奏し、少しずつ成果が上がってきています。実は今日、明日、明後日と大きな案件を三つ抱えております。しかも授業をやらないといけない。「わぁ、どうしよう」という日々がここ十日間ぐらい続いていました。ちょっと苦しかったというのが正直なところです。

もう一つの経験と学生へのメッセージ

皆様にどんなお話をして差し上げられるか。何か一つでも残せるような話がしたい。いい加減にはやりたくないと思ってきました。原稿を書いて何度も練習しました。つまらない話が多かったとしても、一つでもおもしろいと思っていただけたら幸いです。

女子学生の中で「私も総支配人を目指そう」なんて思ってくれる人が一人ぐらいいたらいいな。男性もそうです。ホテルの仕事って本当にいいですよ。「潰しがきく」ってわかりますか。「潰しがきく」というのはどこへ行ってもやっていけるということ。

例えば仙台から大阪に急に行ってホテルの仕事を探すと、経験さえあればすぐに採用してもらえます。潰しがきく珍しい仕事です。競合の会社にいると同じ業界では働けないって多いじゃないですか。でもこの業界は逆に、「あのホテルにいたの？　だったらいいわね」となります。モントレにいたの、メトロにいたのというふうに、転職してもマイナスと受け取られない。むしろキャリアアップと考えていただける。

最後に私のもう一つの経験をつまびらかにします。多彩な経験だと自分でも思います。ホテル業界に十七年、その前の五年間がオーストラリア、実はその前の十年間は自分で起業して会社経営をしていました。起業してから十年間、社長をしていました。当時は女性にお金を貸すところはありません。二十七か二十八歳ぐらいで会社を立ち上げました。

今は女性が起業をしても融資も受けられたりしますが、当時は銀行に行っても誰も相手にしてくれない。そりゃそうですよ。何と元手の資金を十万円しか持っていませんでした。それで当時はまだあまりなかったブティックをオープンしようと考えたのです。三・三坪の小さな店です。六畳一間の店ですよ。でも十万円ではできません。敷金が二百万円、内装費が百万円、それから仕入れ資金に二百万円。五百万円ないと開店できないという状況でしたが、果敢に挑みました。五百万円の借金なら大丈夫。二百万円は保証金で戻ってくる。そうすると、もし失敗しても三百万円の借金だから何とかなると思った。何とかなるさと。

これがとんでもない。今思えば無謀な挑戦でした。借金はどうしたかというと実は長い話があるんですが、簡単に言うと高利貸しから借りました。銀行に行けば貸してくれると思っていたら当然だめ。十行ぐらい行きましたが全然だめ。どこもだめ。

結局たどり着いたのが今思えば間違いなく高利貸し。とんでもなく高い金利を払っていましたから。当時はそうは思っていなかった。何て親切な人なんだろう、ありがとうと。利息ぐらいは何とか払いますよといって十年間お店をやりました。そのほかにもいくつかお店を経営しておりました。

十年やった時にちょうど海外に行くという話が出てきたわけです。海外にどうしても住みたいといつも思っていました。十年やったし、一番のリフレッシュになると思って海外に行くと決めました。十年でしたが社長業はすごく大変でした。ただ儲かりましたよ。当時はバブル絶好期でしたから、小さいブティックでも一日で二十万円も三十万円も売れましたから。家賃は十万円でしたが、十二分に利益は上がっていました。けど社長業は大変でした。

もちろんおもしろかったですけどね。そして会社をすべて友人に売り渡して海外に行きました。

私なりの先読みがありました。実は私、計算高いんですよ。いわゆるバブルがはじけるのが見えていました。これまではこうだったけど、このままいけばいつかこうなるねと。ほかの人がやれば違う結果になるかもしれないけど、私自身がこのまま経営していれば、バブルがはじけたらダメになるだろうという読みがありました。その下がる部分のマイナスと海外で得られる経験のプラスを比べ、海外へ行った方が得だと判断しました。

そんなふうに私は経営者をやり、海外で会社員をやり、そしてサラリーマン女将をやりと、いろいろな経験をしてきました。最後に、皆さんの中で起業をしたいと考える人がいたら、私はぜひ挑戦してくださいとアドバイスします。大変だけどそれ以上に貴重な経験ができるはずです。

質疑応答

司　会　それではこれから質疑応答を始めたいと思います。質問がある学生は挙手して発言してください。いかがでしょうか。

熊谷支配人　どうぞ遠慮なく質問してください。今の年齢と年収の二つ以外は何でも答えます（笑）。お願いいたします。

学生Ａ　本日はご講演ありがとうございました。お話の中でワールドカップの時の体験談がすごく面白かったのですが、もしもう一度ワールドカップやオリンピックなどの国際行事があるといったらまた選手たちを泊めたいと思いますか?

熊谷支配人　もちろん思います。本当はオリンピック、たぶん私はもう参加できないと思うんですけれども、もしそういうのがあったら私は一番に名乗りを上げると思います。ただそのためにはホテルの施設が一番重要になってきますので、どうしてもそれに見合わないこともあります。KKRはそれは無理なんですね。公務員の方々がお客様で、客層がかなり違いますから。もしもっと若かったらたぶん東京のどこかのホテルに転職して、オリンピックに直接かかわる仕事をすると思います。

ここにはずいぶん女子の学生さんがいらっしゃいますけど、どなたか女性の方で質問する人いないかしら。

学生B　それでは御言葉に甘えて質問させてもらいます。震災の時に報道関係者を優先宿泊させたとおっしゃってましたが、その理由は何ですか?

熊谷支配人　まずは報道の情報がなければみんな困るだろうと私は思いました。情報が大事だということを痛感したんです。あの日、何が世の中で起きているか、みんなほとんどわからなかったんですよね。私たちもあんな大きな津波がきているとか、そういうことを知ったのはたぶん二日後ぐらいだったと思うんですね。でもそれを知らせるのはインターネットであり、また情報を供給するマスコミであり、そしてそれを将来に向けて記録していくこと、これもマスコミの大きな仕事の一部だと私は思っているので優先したのです。

学生C　女性の社会進出が目指されていますが、女性として社会に貢献できることは何かあると思いますか？

熊谷支配人　当然いっぱいあるんです。でも私は女性が女性として貢献できるものというのを考えていってほしいんです。女だからということだけで男性と同レベルとみなすという、なにかそういう逆差別みたいなのを今感じています。女性であることで男性には気づかないこと、女性だからこその気づき、これは絶対にあるんです。

女の人というのはけっこう物事をすぱんと結論から言えるんですね。男の人ってちょっと違う。ロジックを組み立てて結論が最後にくる話し方をする人が多いと思うんですけど。女性の瞬間力、直感力というのもこれからは大きく社会を変えていくエネルギーの源になっていくと思います。

学生D　イメージからクリエートする、創造に変えるというお話がありました。イメージの想像からクリエートの創造に転換する時に一番必要になることって何ですか？

熊谷支配人　そこは意外に素質ということがあるんですよね。でも素質だからって諦めたら話になりません。訓練によってできることもあるわけですよね。ＯＪＴとか、職場で磨きをかける人もいるんです。素質や能力の小さい大きいはさまざまですね。けれど能力が大きいから全部できるわけでもないし、小さいからできないわけでもない。能力をどういうふうに増やしていくか、鍛えていくかを考えていかないといけないと思います。ずいぶんいい質問が続きますね。

司　会　そう言っていただけるとありがたいです。想像というか考えることはできますけれども、それを実行に移す力、実行力が熊谷さんはとてもあるという印象を持ちました。学生の皆さんもぜひクリエートするような人材になってほしいと思います。ほかにどうですか。

学生E　本日は貴重なご講義をありがとうございました。ホテルが成り立つ三つの要因として、宿泊施設、飲食施設と人があるとおっしゃいました。特に人の教育で気をつけている点などあれば教えてください。

熊谷支配人　鋭い。どう教育しているか。私がなかなかできていないところなんですよ。人というのはみんな同じじゃない。いいところも違うじゃないですか。そのいいところをどう伸ばしてあげるか。私に突き付けられた大きな課題です。あまり多くを望んではいけない時もあるんだと感じることもあります。過剰な期待を嫌う人も世の中にはいるんだと。それも会社に入って初めて気がついたことの一つです。

ある時、ある人を課長に昇進させようとしたらいきなり断られたんです。「いえ、僕は残業代がついた方がいい」と。そんなふうに考える人がこの世の中にいるとは思わなかった。本当に思わなかったんです。でも今ではそう考えることも正しいと思います。この人は真面目にきちっと積み重ねる仕事をしてくれる人なんだということが理解できるようになった。その部分で期待をかければいいんだと思った。そんな答えでよろしいですか。

学生F　ホテルを運営していくうえでリピーターを獲得するために何か行っていることが

あったら教えていただきたいと思います。

熊谷支配人　国家公務員で退職なさってご夫妻で来られる方が一日に何件かあって、その方々って必ずリピーターさんなんです。その方のために、レストランの食事の際に大きな敷紙を敷くんですが、そこにその日私が思い浮かんだ言葉を筆書きで書くようにしています。

　すると皆さん、その敷紙をくださいといって持って帰っていただけます。去年も来られたのですが、「今年の新しいものはありますか」と言ってくださいました。

　そんな小さなリピーターづくりを実践しています。会社じたいはパソコンのデータを使ってマニュアル的にリピーターづくりをやったりしているのですが、私にしかできないリピーターづくりを実践しています。

司　会　本日は、お忙しい中、お越しいただき大変貴重なお話をしていただきました。最後に拍手をもって熊谷様に感謝の気持ちをお伝えしたいと思います。ありがとうございました。（拍手）

（講義日：二〇一四年一〇月三〇日　　編集：村山貴俊）

第9章

五人の若者との出会いから始まった「ホテル望洋の物語」

加藤 富子

ホテル望洋

ホテル望洋は 2018 年 4 月に閉館となりました。

ホテル望洋外観（2014年6月撮影）

ママチャリで旅をする若者たち

皆さんこんにちは。私は気仙沼にありますホテル望洋の女将の加藤と申します。

今日は私が震災で体験したことと、そこで一人の若者と出会い、その出会いによって私の人生が大きく変わったという話をさせて頂きたいと思います。その若者とはＮＰＯ法人「底上げ」の代表理事である矢部寛明君です。私は彼との出会いによって人生が大きく変わりました。

二〇〇八年六月、私はママチャリで旅をする五人の若者と出会いました。自転車での移動を考えた時、皆さんはどこまで行ったことがありますか？私はせいぜい家の近所くらいですが、私が出会った若者たちは東京から北海道の洞爺湖まで約千キロの距離を自転車で、しかもママチャリで旅をしていたのです。私が彼らと出会ったのは、その旅の途中でのことでした。

自転車旅の５人の若者と加藤女将

二〇〇八年六月は洞爺湖サミットが開催された年です。若者たちはお金もない、縛りもない、発言力もない。しかし体力とやる気と元気はある。そこで二一世紀を担っていく若者として、自分たちは何ができるだろうかと考え、環境を大切にすることをアピールしたいと自転車で約千キロの旅をしていたのです。

彼らは旅の途中、三陸沿岸をずっと北上していた時に、たまたまホテル望洋に宿泊しました。五人のメンバーは五台のママチャリを使って、リレー式で東京から北海道を目指していたのです。仙台から気仙沼までは約百キロあります。しかしその日はとても天気が良く、自転車での移動も快適だったので、頑張って仙台から気仙沼まで来れたと話していました。

その若者たちはどこで寝泊りをしていたかと言うと、ほとんどは野宿です。コンビニの付近や、道の駅や屋外で毎日寝ていたそうです。しかしこの日は百キロも走って移動したためヘトヘトになってしまいました。そして走っているメンバーの中に気仙沼出身の友人がいることを思い出し、その友人の知り合いがホテルを経営しているらしいぞという話で盛り上がり、電話した結果ぐるりと回ってその友人のお父さんから社長に電話が入ったのでした。

「ちょっと知り合いの学生が何人か泊まりたいと言っているのだが部屋空いてないかな?」「空いているよ、何人?」と聞くと五人だというので「泊まれるよ、学生さんなら少し安く泊めてあげるよ」と言ったら「いや、実はお金がないって言うんだよ」というやり取りをして「え? 困ったな」という話になりましたが、最終的には無償での宿泊になりました。

そして六月十七日、彼らが北海道に向けて出発する朝になりました。その日は社長が先に出勤しておりまして、私はちょっと遅れての出勤でした。私が出勤した時、ちょうどホテルのフロントあたりでこの五人の若者が円陣を組み何かをやっていたのです。もしこの時、私がそのまま事務所の中に入ってしまったなら、これからお話する「望洋物語」は始まらなかったことでしょう。

ホテルに到着した私は、彼らが気になって「ねえねえ、何をやっているの?」と言いながら若者の輪の中に入っていきました。すると「自転車のパンクを直しているんです」との返事でした。私が女将だと知ると「昨夜泊めてもらい、とても助かりました」とお礼を言われ、いろいろな話が始まり、「ねえ、みんなどこから来たの? これからどこに行く予定なの?」と質問すると「僕たちは東京から来たんです」と言うので「え? この自転車で」と聞いたら「そうです」と言うではないですか。ママチャリで東京から来たことを知り、本当に驚きました。

今度はどこまで行くのかを聞いたら「北海道です」と言うので、またまた驚きの連続でした。もう少し話を聞いてみたいと思いいったんホテルの中に入ってもらいました。「お腹は空いていない?」と尋ねると「まだ朝食を食べていないのでお腹が空いている」との返事でしたので、私は前日に食べ切れなかったご飯を業務用の大きいラップに包んで持たせ、朝食用のご飯は温かいので、それをおにぎりにしてご馳走したわけです。みんなとても大喜びでそのおにぎりを食べてくれました。

いろいろな話で盛り上がっていましたが、先を急ぐというのでお見送りすることにしました。そして帰る時、ホテルの前の坂道を「ホテル望洋最高!」と言いながら五人の若者が自転車で下って行きました。彼らの後ろ姿を見て「ああ、若いっていいなぁー」と思いながら見送ったことを今でもハッキリと覚えています。

それから三年が経ち二〇一一年となりました。この三年間は私とリーダーであった矢部君との年賀状のやり取りだけで繋がっていたのです。二〇一一年の年賀状では「僕はオーストラリアの旅行会社から内定をもらえたので、就職のため四月からオーストラリアへ行きます。その前にお世話になった女将さんのところに行きたかったなぁー!」と書いてありました。

二〇一一年三月十一日

そしてあの日を迎えたのです。三月十一日、午後二時四十六分、大地震発生。ここからは私が実際に体験した震災の話に入ります。

私は地震が発生した時にはホテルにはおりませんでした。用事があり気仙沼駅近くにいてあの大きな揺れを体験したのです。揺れがおさまってから急いで車に乗りホテルに向かいました。普段であれば十分程で着く距離ですが、その時は信号も機能しておりませんでしたので、三十分以上もかかったような気がします。

やっとホテルの前に到着した時には、近隣から逃げてきたたくさんの住民の方々がホテルのフロント付近に避難していました。しばらくすると今度は防災無線で大津波警報が発令されました。「大津波がくるぞ!」。え? 一体何が起きたんだろうかと思っているうちに住民の一人が「津波だ!」と大きな声で叫ぶので振り返って海の方をみると、これまで見たこともないような真っ黒い巨大な水の塊がこちらに迫っていたのです。

第一波が街を飲み込んだ後、異常な静寂が訪れたのを私はハッキリと覚えています。しばらくして内湾の入り口辺りで、もの凄い爆発音が響きました。それは湾の入り口にあった重油タンクが爆発した音でした。あっという間に炎が燃え広がり、内湾は火の海となってしまったのです。

だんだん日も暮れ雪も降り始めた頃、行き場を失った人々がホテルの入り口付近に集まっ

望洋からの光景　津波に呑み込まれた町と燃え上がる石油タンク

て来ました。社長と私は動かなくなった自動ドアを手でこじ開け、住民の方々をホテルに避難させましたが、余震も続いている中でしたので本当に迷いました。もしホテル内で何かあったらどうしようと思う気持ちもありましたが、すべての責任を負う！そう強く思い、避難されてきた住民の方々をホテル内に避難させました。瞬時のことで夢中でしたが、その時はホテルの経営を辞める覚悟での決断でした。

その日で百人くらい、次の日は近くの工場で働いている方々を受け入れましたので、合わせて二百五十人くらいの方々を受け入れることになったのです。すべてのライフラインが途絶えた中での受け入れは想像を絶するほどの苦労がありました。日が沈む頃には雪が降り始め、寒さと恐怖と不安との戦いでした。社長が指揮を取り、私がその補佐として避難された人々の対応に追われました。

ホテルは宿泊を目的とした施設なので、他の避難所よりはかなり恵まれた環境で避難生活を送ることができたと思います。しばらくして年老いた母親を迎えにきた息子さんが「このような惨事の中、暖かい布団で過ごさせてもらい本当に感謝しています」と涙ながら語ってくれたことを思い出します。

これから震災の時の写真をお見せします。ここは気仙沼の鹿折《ししおり》地区で大火災があった場所です。この地区は地震、津波、火災と続いた所なので、同じ被災地でも火災になった場所と火災になっていない場所では状況もかなり違っています。津波によって約六百メートルも流されてきた船を見るたび、自然の猛威の前には人間の力はあまりにも無力であることを感じておりました。

次に私の家族についてお話をします。私の家族は、私、主人、長男、次男、義母の五人家族です。地震が発生した直後は私と主人はホテルにおりましたが、次男は高校生で高台にある学校にいました。義母は自宅におりましたが、近所の方々と避難をしてなんとか無事でした。その時、長男は千葉県にある大学に通っていましたので大丈夫でした。次男との再会は翌日で、無事に生きていたことが確認できた瞬間、私は次男にしがみつき大泣きをしました。とにかく生きていてくれた、ただそれだけで嬉しかったです。

義母との再会は一週間後でした。千葉にいる長男とやっと連絡が取れたのは一週間も経った頃で、後で聞いた話によると震災直後の気仙沼湾の大火災が報道され、また自宅のあった鹿折地区も大火災と知り、もう家族全員が死んでしまったと思い、生きる望みも失っていたそうです。

ご自宅の焼け跡にて

火災発生後、しばらくして私は自宅跡地へと向かいました。自宅跡地は、地震、津波、火災と続いた場所のため、火災の火が完全に鎮火するまで自宅敷地内に入れませんでした。やっと許可がでたのが一週間くらい経ってからだったように記憶しています。

二度目に鹿折地区へ行った時、やっと我が家のものではないかと思われるものを見つけたのです。この時は次男と主人と三人で行ったのですが、そこは瓦礫の山で、大体二〜三メートルの高さに瓦礫が積み重なっていて、一歩足を踏み入れてもそこが柔らかいのか硬いのか、またガラスの破片があるのか、釘が出ているのか、何があるのかわからない状況なので一歩一歩と歩みを進めるにもかなりの時間がかかり大変でした。

途方もないこの焼け野原の中で、夢中になって何か我が家のものはないか探し続けていたら、次男が自分のものらしい何かを見つけました。そこには

「四年二組加藤英介」と書かれたノートを見つけたのです。それは次男の名前で、小学校の時に使っていたものでした。ということはこの辺りに私たちの家のものが他にあるかもしれないと思い、その周辺を必死に探し始めました。火災で燃え真っ黒になっていますので、そのものが何なのか見分けもつかなかったのですが、いくつか我が家のものらしき品々が見つかりました。

主人が「とにかく我が家のものだと思うものはすべて集めろ」と言うので、それらしいものは手当たり次第集めました。持って帰ろうと思い、その焼け焦げたモノをじっと見ているうちに、急に悲しく虚しい気持ちになり「もうすべての思い出は無くなったんだ」と思った瞬間、力が抜けてしまいました。二枚重ねで使用していた軍手は真っ黒、持てるだけの焼け焦げたものをリュックに詰め込み、無言でホテルに戻って来ました。

ホテルはというと百五十名ほどの地域住民が避難していて、社長を中心に避難所としての運営を行い、夢中で毎日を過ごす日々でした。ライフラインがすべて途絶えた状況の中、給水場の役割であったり、救援物資の配給場であったり、また避難されている方の安否情報や亡くなった方の情報を得るために、毎日たくさんの人たちがホテルのフロントに来られ、私はその対応に追われる日々が続いていました。

その震災から十二日目の三月二十三日に、先ほどお話しした数年前に自転車で旅をしていた大学生のリーダーであった矢部君との再会がありました。この日、矢部君は従姉妹と共にたくさんの物資を軽トラックいっぱいに積み込みホテルに現れたのです。震災前にママチャリで北海道まで旅をしている途中でホテルに無償で泊めたあの若者です。

実は震災後、何日か経って彼と携帯電話が繋がり、その時の第一声が「女将さん、生きているんだね、良かった！」という言葉でした。私に何度も何度も電話をかけたそうですが、まったく繋がらない状況だったそうです。ホテルが避難所になっていることがテレビで報道されたのを観て、それですぐに助けに来てくれたのです。

この時の彼はすでにオーストラリアの旅行会社に内定が決まっており、そのためにアルバイトでお金を貯めていたのですが、そのお金を全部引き落とし、またＳＮＳを使って友達からもたくさんのお金を集め、それで物資を買って助けに来てくれたのでした。震災直後の被災地に危険を顧みず来てくれたことに対し驚き、そしてその勇気ある行動にただただ感謝の気持ちで一杯になり胸が熱くなりました。

家族の決断

それから二日経った三月二十五日に長男が初めて気仙沼に帰ってきました。到着後すぐに自宅を見に行きたいと言い出し、連れて行こうかどうか悩みましたが連れて行くことにしました。何もかも無くなった街の様子を見て何も語らず、ただじっと静かにその変わり果てた自宅跡地を眺めていました。その後ろ姿を見て何と声をかけたらいいのか、かける言葉が見つからなかったというのがその時の心境でした。

夕方になると日は暮れ、ろうそくに火を灯しての生活になります。私はホテルの事務所の机の上で一本か二本のろうそくで過ごしていました。高校三年になろうとする次男は薄暗いその状況で受験勉強をしていましたが、あまりにも可哀想にと思い、次男には少し多めのろうそくを机の上に置きその明かりで勉強をさせました。それでも十分な明かりとは言えず、暗くて文字が読みにくく、目が疲れるといいながらも頑張っていました。

三月三十一日の夜、長男が帰って来たこともあり、私たちはろうそくの薄暗い明かりの中で家族会議をしました。今ホテルは避難所になっているけれど、時期がきてその役割が終わったら事業の継続を断念することを長男に話しました。彼はその時まだ大学一年生です。これから二年生になろうとする時でしたが、長男が言った言葉は「お父さん、お母さん、俺、大学辞めて働くよ」の一言でした。そして「家族三人で働いて英介（弟）を大学にやろうよ」と言ってくれたのです。

私はこの言葉を聞いた時に、涙があふれて止まりませんでした。長男に対し親として嬉しい気持ちと申し訳ない気持ちと、情けない気持ちが一気に込み上げてきて、かける言葉が見つかりませんでした。これから三人で働きながら頑張ってやっていこうと決めたその時に、主人の携帯電話が鳴ったのです。それは長男が通っている大学の教授からでした。「加藤隆介君のお父さんですか？　たった今大学の会議で決まったことがあります。今回の震災で被災された学生さんは一年間授業料が免除になりますので、お辞めになることはせず、もう一度ご家族で話し合ってみたらいかがですか？」という電話でした。

その電話の後、主人が「隆介、どうする？」と尋ねました。「一年間だけ授業料を免除してくれるらしい。一年後はどうなるかわからないけれども、一年間だけだったら何とかなるのでやってみるか?」と聞くと「やりたい!」と言うのです。私も続けさせたかったので長男に「アルバイトもしながら頑張ってみたら? それでも足りない分は私たちも協力するので。だから、大学続けてもいいよ!」と話したら、ものすごく喜んで、そのままホテルの外に飛び出して行き「やったー!」と大きな声で叫び、大学の友達に電話をかけ続けていました。

後から聞いた話で長男は、千葉から気仙沼に来る時、大学の友達に送別会をしてもらい「俺はもう帰らない」と友達に告げ、大学も辞める覚悟で教授に話してきたということでした。その喜んでいる長男の後姿を見た時は、言葉にならないほど嬉しかったです。

若者たちとの共同生活が始まる

二〇一一年四月十七日のことです。二人の若者がホテルにやって来ました。そこから私たちと一緒に約五百日間の共同生活が始まることになりました。その若者の一人が矢部君で、もう一人は斉藤君です。彼らには避難所となっていたホテルのすべての仕事を手伝ってもらいました。電気もガスも水道も何もない状況の中、彼らのようにフットワークの軽い若い力は本当に助かりました。

私たち家族の身の回りの世話やホテルに避難されている方々の世話、時間があれば瓦礫の撤収の手伝いに行ったり、救援物資を運んだり、ありとあらゆることを嫌な顔をせずにやってくれました。また高校三年になった次男の家庭教師としても勉強を教えてくれたり、相談相手としていろいろなアドバイスをしてくれて本当に助かりました。

そんな日々を過ごす中、ホテルは避難所となっていたこともあり、館内は想像以上の汚れ、傷み、設備の破損等で経営を続けることは諦めていたのですが、一緒に生活をしていた二人から「女将さん、ここでホテルを辞めるのはダメだよ。俺たちで何とかするからもう少し頑張ろうよ」と言われたのです。とは言うものの、その時点で従業員も全員被災していましたので誰もいない状態、私たち家族と矢部君と斉藤君だけだったのです。それではまったく人手が足りないということになり、矢部君が自分の知り合いの友人をたくさん呼び寄せてくれたのです。

震災前の気仙沼は大小合わせて約九十の宿屋がありましたが、震災後は約四十となり半分以下の宿屋しか残っていませんでした。しかし気仙沼の復興のためには、復旧・復興に携わる業者さんを大勢受け入れる必要がありました。残った宿屋は復興関係の方を特に受け入れてほしいと行政からの依頼もあったことや、今までお世話になった地域住民の方々への恩返しを兼ねて、もう一度ホテルの経営を続けることを決断したのです。二〇一一年五月十日に、ボランティアや復旧・復興に携わる業者さんを受け入れることで新たに「気仙沼復興支援の宿・ホテル望洋」として奇跡的に再出発することになったのです。

矢部君や斉藤君はボランティアとして泥かきやその他様々なことを手伝い、へとへとになるまで働いて帰って来ても疲れたとか、もう嫌だとか弱音を吐くことはまったくありませんでした。ただ「やってもやっても泥や瓦礫が減らない」「気の遠くなる作業だ」「自分自身の無力さを感じる」等と夕食を食べながら話していました。またそれと同時に地域の子供たちのことも心配し、その子供たちのために放課後や休日に学習支援をやっていました。勉強を教えるだけではなく、被災した子供たちの心の支えとして寄り添っていたのです。

そして翌年二〇一二年五月十一日、矢部君が代表となり「NPO法人底上げ」が設立されました。そんな彼らの活動に共感した若者が、特に現役の大学生が日本中から駆けつけて、ボランティアや学習支援や、地域の方々の要望に応えるように支援を続けてくれました。

この底上げの活動の一つである学習支援で学んだ高校生が、自分たちも何か立ち上げたいと言い出し、二〇一二年九月二十六日に高校生による団体「底上げYouth」を立ち上げることになりました。自分たちで街を歩きまわり気仙沼の良い所を探し、観光のPR活動になるようにリーフレットを作成し、それを気仙沼駅前で配ったりしています。

日本全国、そして世界から

このようなことを続けていくうちに、いつの間にかホテルにはたくさんの若者が集うようになりました。日本全国の学生さん、また建築を学ぶ海外のお客様等、次々と訪れるようになりました。皆さん震災について、あるいは復興の状況の話を聞いていて質問もたくさんあり、こちらが驚くほど真剣に学んでいました。

神戸の高校の生徒を引率してきた先生は、実は自分が高校三年の受験生の時に阪神淡路大震災を体験し、死ぬかもしれない状況の中、危機一髪で難を逃れました。センター試験を受験し希望する大学に合格したのですが、親戚が亡くなったり、街が崩壊した状況で勉強どころではなくなり、大学に行く気力も起きず、大学進学を諦めようと思っていたそうです。しかし進路指導の先生方から「高校生の君が今やるべきことは、学ぶことだ」「とにかく大学に行きなさい」と強く勧められ、周りの後押しを受けて大学進学を決めたそうです。

そしてこの先生が引率して連れてきた生徒は、ほとんどが国立大学や医学部に進んでいくほどの学力を持っているが、挫折を味わったことがない。先生はあの大震災の時に、勉強ができるだけではダメだということを強く感じ、この子供たちに勉強以外でも大切なことを学んでほしいという思いで、わざわざ被災地である気仙沼に連れて来てくれたのです。

また人の弱み、痛み、辛さがわかる大人になって欲しいと願い、三月の春休み、八月の夏休み、十二月の冬休みを利用して引率を続けており、先生の熱い想いを感じていました。気仙沼での東北合宿では当館に宿泊し、社長と私の震災体験談を聞くことが予定に組み込まれています。被災地の状況を見たり聞いたりし、その中から何かを感じ取り、生きて行く中で大切なことは何なのか？　を問いながら指導している先生の姿に感動し、私もその思いに応えたいと思い協力しながら生徒さんたちを受け入れております。

東北合宿が何度か続いていくうちに、先生の方から「お願いがあります」と言うので話を聞いてみると「今度は神戸に来て講演をして頂けませんか？」との依頼があり神戸に行って来ました。その時、先生が担当していた高校二年生の授業の中で震災体験を聞いた生徒が、今度は高校を卒業し、目標の第一希望の大学に合格した卒業旅行としてまたホテルに来てくれたのです。夜の会食の時、一人一人合格の報告を受けました。なかなか入れない大学なだけに、彼らのこれまでの努力には感心するばかりでした。

震災直後は絶望的でこれからのことを考えると不安ばかりが頭をよぎり、眠れない日々が続いていました。こうしてたくさんの若者との交流が続き、知らないうちに元気が出てくるようになり、少しずつ前向きな気持ちになれたと思います。若い人は未来のこと、将来のこと、夢を語るのを聞いていると、不思議と気持ちの変化が出て来て、こんなことで負けてはいられない、前を向いて歩みを進めなくてはと強く思うようになったのです。

震災で失ったものと得たもの

私は震災で自宅が全壊し、友達との突然の別れを経験し、今も避難生活を送っています。今まで当たり前だと思ってきた生活のすべてを、一瞬にして奪われた悲しみはとても耐えがたいものです。自宅を失った私はホテルの一室で家族と一緒に生活をしています。でも、これまでお話をしたたくさんの方々の支援のおかげで何とかやってこれたと思っています。これからも今置かれている状況は大変であっても、すべてを受け入れてやっていくつもりです。

この震災を通して失ったものは有形なものだったとすれば、そこから得たものは無形のものだったと言えるでしょう。有形とは目に見えるものです。例えば景色であったり、家や建物などです。その見えるものを今回の震災で失いましたが、得たものは絆だったり、支援だったり、心の支えといった目には見えない無形のものでした。

「望洋物語」加藤女将（前列右から３人目）を囲んで

たった一人の若者との出会いによって、私の人生が大きく変わりました。どうかみなさんも出会いを大切にしてほしいと思います。それともう一つ、自分の周りで起きていることに関心を持って欲しいということです。みなさんは「愛」の反対の言葉を知っていますか？　憎しみではないのです。

実は「愛」の反対の言葉は「無関心」なのです。自分ができる小さな一歩を踏み出してください。自分なんて何もできないと思うかもしれませんが、そんなことはありません。勇気を持って自分が思うことを一歩前に踏み出すことによって、もしかしたら隣の人や、周りの人を助けることができるかもしれません。絶対何かプラスになることに繋がっていくと私は信じています。

二〇〇八年六月、ある一人の若者との出会いがあり、そこからたくさんの出会いや絆に繋がっていきました。すべてを受け入れてからすべてが変わり、そしてホテル望洋の物語は始まりました。

質疑応答

司　会　非常にすばらしいお話でした。ありがとうございました。ここで学生のみなさんから質問を受け付けたいと思います。

学生A　大震災の経験の中で、人の繋がりや絆によって、前に進む勇気が得られたというお話にはとても感動しました。自分も東北出身者として、そのように人の繋がりを大事にして、ことの大小を問わず人が困っている状況があれば、いつでも手を差し伸べられるような人間になりたいと感じました。今日は本当にありがとうございました。

加藤女将　ありがとうございました。私の話から強制的に皆さんにこうして欲しいとか、ああして欲しいとかいうことは一切ありません。感じ方も考え方も全部違うと思いますので、どのように思ってもらっても構いません。

ただ私がこうしてこの講義を引き受けまして、みなさんの前でお話させて頂きたいと思ったのは、今までたくさんの大学生と知り合ったことによって力をいただき、前向きに生きていくことができたので、今度は私がみなさんの背中を押す番だと考えたからなのです。私が話すことによってみなさんが何かに気付いて、何かを感じ、一歩踏み出すきっかけになってくれればと思います。

学生B　本日は貴重なお話ありがとうございました。女将さんは震災を経験され、多くの若者たちと触れ合ってこられましたが、その中で女将さんがおもてなしの心として大切に思っていることなどあれば教えてください。

加藤女将　そうですね、普通の女将さんであれば、若者に対してもおもてなしを心がけて対応すると思います。でも私は「もてなす」ということではなく、自分の息子や娘だと思い接してきました。一緒に生活をしている矢部君がとにかくたくさんの大学生を連れてくるのです。「女将さん、明日、友達三人来るからよろしく」と言うので「えっ三人?」、そして次の日になると「あと五人追加」「えっ五人?」というやり取りの毎日でした。その子供たちに対してもてなすのではなく、我が子だと思って常に受け入れていました。自分の息子や娘だったら、母親ならたぶんこんなふうに対応するだろうなと。それが私流のおもてなしでした。

学生C　震災の時に行政から依頼があって、復興支援の業者の方々を受け入れるよう言われたという話がありましたが、業者の方々を受け入れる時に何か苦労したことがあったら教えてください。

加藤女将　行政から受け入れを要請された時には、まだホテルとしての機能は果たしていませんでした。ライフラインがまったく機能しない状況の中で、どうやってお客様を受け入れたら良いのかわかりませんでしたので最初はお断りをしたのですが、何度もお願いに来られ受け入れようと思い始めました。壊滅的な被害を受けた気仙沼の街が、このまま滅びゆくのを見るのは耐えられないし、今までお世話になったことに対して何かやれることがあるはずだと思い動くことにしたのです。

まず初めに東北電力に何度も何度も電話をかけお願いしました。その願いを聞いてもらい、優先的に電気が使えるようになりました。そして水道、ガスが使用できるように市役所に懇願し、やっとライフラインが整い、震災から二ヶ月後の五月十日に奇跡的に営業が再開されたのです。

学生D　本日はお話ありがとうございました。質問ですが、行政からの依頼で、復興支援のホテルとして営業を再開したという話だったのですが、これからもっと復興が進んでいくと思うのですが、復興が完了したらホテルの営業はどうされるのでしょうか。少し気になったので質問させていただきました。

加藤女将　復興が進んだとしても、今はまだ気仙沼は復興の最中です。私が住んでいる鹿折地区は今、土地の嵩上げ工事をしており、完了予定が平成二十九年度つまり平成三十年の三月が一応の目処《めど》となっていますが、東京オリンピック等でたぶん延長するのではないかと思います。

例えば私の自宅跡地が平成二十九年度に土地の嵩上げが完了するとします。でもそこから建物を建てるとしたら、実際にそこでの生活が始まるまであと何年かかるでしょうか。そのような現状の中で我々ホテル業もどのような形で経営が続けられるかはわかりませんが、今置かれている現状を受け入れて、やるべきことをやるだけです。

学生E　本日は貴重なお話ありがとうございました。加藤女将が偶然であれ必然であれ、些細なきっかけからこのような素晴らしいご縁に恵まれたことを知り、自分も周りの人や周囲で起きていることにもっと関心を持っていきたいと思いました。

質問ですが、今現在少しずつ復興している中で、女将さんが考えるホテル望洋の将来像、これからどうありたいかなどについて、考えることがありましたら教えていただけないでしょうか?

加藤女将 ホテル望洋をこれからどうしていきたいか。そうですね、今のホテルの形態でやっていくとすれば復興関係のお客様や学生さん、ボランティアのお客様を中心にリーズナブルの料金体制での営業になると思います。しかし私の夢として語らせていただければ、せっかくこうしてたくさんの若者を受け入れてきたので、その若者たちとホテルと気仙沼とを結びつけるようなことをしてみたいですね。外から来る人と地元の人とを繋げる何か、そうした場所を提供できたら素晴らしいのではないかと思います。

学生F 私はボランティアをしたことがなかったのですけれども、女将さんの目線から見て、これから社会に出る若者に経験してほしいと思うことはありますか?

加藤女将 ボランティアというと、みなさんは瓦礫の撤去とか何かのお手伝いとか、誰かのために何かをするのがボランティアと思っているのではないでしょうか。難しく考え過ぎて、なかなか行動に移せないでいることが多いようです。

あまり難しく考えないで取りあえず被災地に行ってみてください。何かをするという目的がなくても良いと思います。自分が行ってみたいと思った時に行動し、その被災地が今どうなっているのかを自分自身の目で確かめることがボランティアの一歩につながると思います。仙台からであればそれほど遠くない場所ですので、少しは関心を持って行動することが大切ではないかと思います。

学生G　貴重なお話ありがとうございました。震災前と震災後では客層などが変化したと思います。どんな変化があったか、お話し頂ける範囲で結構ですので教えていただけないでしょうか？

加藤女将　震災前のホテル望洋は「旬味満載海眺の宿」としておりましたが、震災後は「気仙沼復興支援の宿」としての営業にシフトさせました。

震災前は観光客のお客様を中心に、気仙沼で水揚げされた美味しいお魚を夕食にお出ししておりましたが、震災後は復興に携わる業者さんや学生さんなどを受け入れ、リーズナブルな料金体制に切り替えました。観光のお客様は一泊での宿泊ですが、業者さんや学生さんは連泊での宿泊が多くなりましたので、サービスや館内での設備もそれに合わせて変えました。

学生H　本日は貴重なお話ありがとうございました。若者たちとの出会いから、自らの思いや行動が変わったというお話にすごく感動いたしました。NPO法人を作られたその方が、震災後すぐに支援物資を持ってこられたという話だったのですが、すごい行動力だと思います。女将はそうした行動に若者を突き動かしたものは何だと思いますか？

加藤女将　どうして矢部君がやってきたかということですか？

学生H　そうですね。彼は一回泊まらせてもらい、その感謝の気持ちはあったと思うのですが、それだけで行動する、すぐ行動に移すということは大変難しいことだと思うのです。その難しさを乗り越えて若者を突き動かした原動力とは何なのか、本当はその人に聞けば一番いいのかもしれないのですが、女将さんがどう感じられているのかということを聞いてみたいです。

加藤女将 そのことは私にもわかりません。どうして矢部君が私を助けに来たのかは、私もわからないのです。だってたった一泊無償で泊めただけなのに。それに四月からオーストラリアに就職が内定していたのにも関わらず被災地へ支援に入り、またそのために貯めていたお金を引き出し支援物資を買って来てくれたこと等、今考えてみてもわからないのです。

彼と電話が繋がった時「来ないで欲しい」と伝えました。それでも「俺は行く」ともの凄い勢いで言ってきたのです。「俺は女将を助けに行く」と。ただそれがどういう思いだったのかは、私にもわかりません。

学生Ｉ 今回の講義ですべてを受け入れてからすべてが変わり、すべてが始まったというとても印象深い言葉を頂きました。その受け入れるということに関しては、女将さんという立場、そして女性ということ、さらには母親であるということも大きく関わっているのではないかと個人的に感じています。それで女性だからこそ、受け入れることや復興に関して活かしていける能力があるのではないかと思ったのですが、女将はどのように思われますか？

加藤女将　そうですね、今回すべてを受け入れたことで自分自身も大きく変わりました。今回のような非常時では、男性はこれからのこと、その次のことを考え行動することが多く感じましたが、私（女性）は今のこと、今晩の食事のことなど直近のことを考えて行動することが多いと感じました。

また主婦ということもあり身の回りのある物で代用したり、工夫を凝らしながらその場を乗り切ることができたように思います。とにかくそのような状況になってしまったら、その場にいる人たちと協力し合いながら、その人ができることを心掛けてほしいと思います。

最後になりましたが、みなさんにエールを送り終わりにしたいと思います。みなさんは「若さ」という何ものにも代えがたい武器を持っています。その武器を生かすも殺すも自分次第です。失敗を恐れずにいろんなことにチャレンジし、限りある時間を有意義な人生だった、と最後は思えるように行動する人になってほしいと思います。限られた人生、自分自身の人生を楽しんでください。以上です。本日はありがとうございました。

（講義日：二〇一四年一一月一三日　　編集：松村尚彦）

《編著者紹介》

東北学院大学経営学部おもてなし研究チーム

斎藤善之（さいとう・よしゆき）
経営学部教授 商業史担当

村山貴俊（むらやま・たかとし）
同学部教授 国際経営論担当

折橋伸哉（おりはし・しんや）
同学部教授 経営管理論担当

松村尚彦（まつむら・なおひこ）
同学部教授 ファイナンス担当

松岡孝介（まつおか・こうすけ）
同学部教授 原価計算論担当

矢口義教（やぐち・よしのり）
同学部教授 企業倫理担当

（検印省略）

2019年12月25日　初版発行　　略称 —おもてなし復興

おもてなしの経営学［復興編］
—宮城のおかみが語るサービス経営への思い—

編著者　東北学院大学経営学部
　　　　おもてなし研究チーム
協　力　みやぎ おかみ会
発行者　塚　田　尚　寛

発行所　東京都文京区春日2－13－1　**株式会社 創 成 社**

電　話　03（3868）3867　ＦＡＸ　03（5802）6802
出版部　03（3868）3857　ＦＡＸ　03（5802）6801
http://www.books-sosei.com 振　替　00150-9-191261

定価はカバーに表示してあります。

ISBN978-4-7944-2553-9 C0034
Printed in Japan

組版：トミ・アート　印刷：亜細亜印刷
製本：宮製本所
落丁・乱丁本はお取り替えいたします。